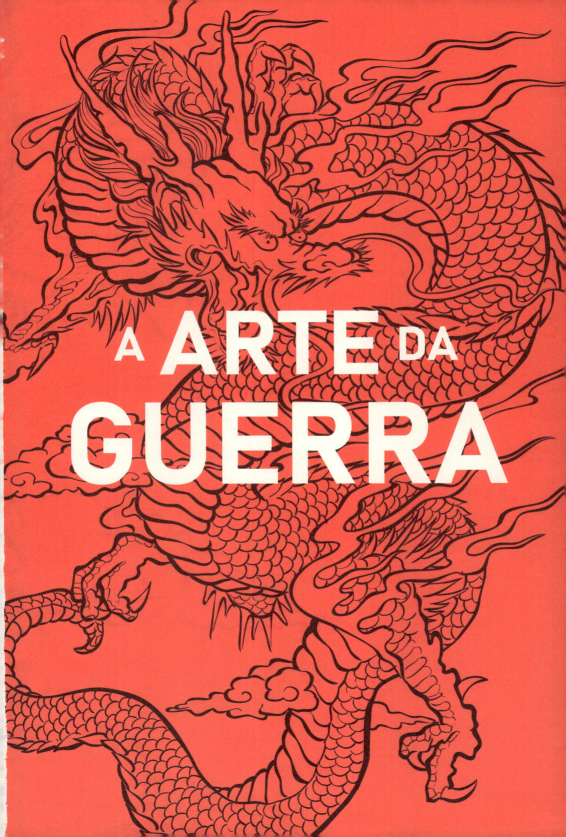

The Art of War (1910)

© 2025 by Book One
Todos os direitos de tradução reservados e protegidos pela Lei 9.610 de 19/02/1998. Nenhuma parte desta publicação, sem autorização prévia por escrito da editora, poderá ser reproduzida ou transmitida sejam quais forem os meios empregados: eletrônicos, mecânicos, fotográficos, gravação ou quaisquer outros.

Coordenadora editorial	Francine C. Silva
Tradução do inglês	Lina Machado
Preparação	Rafael Bisoffi
Revisão	Tainá Fabrin Talita Grass
Capa, projeto gráfico e diagramação	Renato Klisman @rkeditorial
Impressão	COAN Gráfica

Dados Internacionais de Catalogação na Publicação (CIP)
Angélica Ilacqua CRB-8/7057

S954s   Sunzi, séc. VI A.C.
Sun Tzu : a arte da guerra / Sun Tzu ; tradução de Lina Machado. –– São Paulo : Excelsior, 2025.
224 p.

ISBN 978-65-85849-87-6
Título original: *Sun Tzŭ on the Art of War*

1. Ciência militar - Obras anteriores a 1800
2. Estratégia I. Título II. Machado, Lina

24-5418   CDD 355

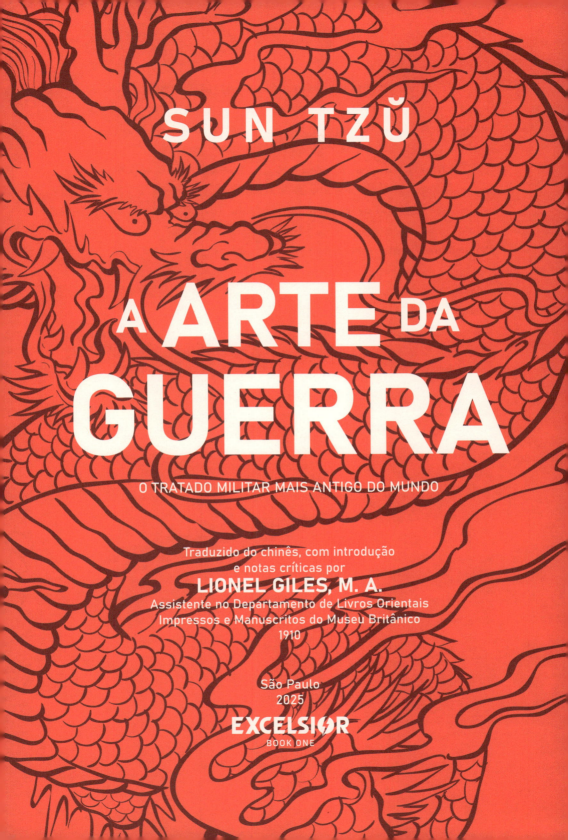

SUN TZǓ

A ARTE DA GUERRA

O TRATADO MILITAR MAIS ANTIGO DO MUNDO

Traduzido do chinês, com introdução
e notas críticas por
LIONEL GILES, M. A.
Assistente no Departamento de Livros Orientais
Impressos e Manuscritos do Museu Britânico
1910

São Paulo
2025

EXCELSIOR
BOOK ONE

Para meu irmão Capitão Valentine Giles, R. G., na esperança de que uma obra de 2400 anos ainda possa conter lições dignas de consideração pelo soldado dos dias atuais, esta tradução é carinhosamente dedicada.

SUMÁRIO

Prefácio 9
Introdução 13
Bibliografia 51

I.	Traçando planos	57
II.	Travando a guerra	65
III.	Ataque estratégico	73
IV.	Disposições táticas	83
V.	Energia	89
VI.	Pontos fracos e fortes	99
VII.	Execução de manobras	111
VIII.	Variações táticas	125
IX.	Exército em marcha	135
X.	Tipos de terreno	153
XI.	As nove situações	165
XII.	Ataque com fogo	199
XIII.	Emprego de espiões	209

PREFÁCIO

O sétimo volume de *Mémoires concernant l'histoire, les sciences, les arts, les mœurs, les usages, &c., des Chinois*[1] é dedicado à *A arte da guerra* e contém, entre outros tratados, "Les Treize Articles de Sun-tse", traduzido do chinês por um padre jesuíta, Joseph Amiot. Père Amiot parece ter desfrutado de uma reputação nada pequena como sinólogo em sua época, e o campo de seus trabalhos foi com certeza amplo. No entanto, sua suposta tradução de Sun Tzŭ, se colocada lado a lado com o original, é vista imediatamente como pouco melhor do que uma impostura. Contém muito do que Sun Tzŭ não escreveu e muito pouco de fato do que ele escreveu. Aqui segue um belo exemplo, retirado das frases de introdução do capítulo 5:

> *De l'habileté dans le gouvernement des Troupes.* Sun-tse dit: Ayez les noms de tous les Oficiers tan généraux que subalternes; inscrivez-les dans un catalogue à part, avec la note des talents & de la capacité de chacun d'eux, afin de pouvoir les employer avec avantage lorsque l'occasion en sera venue. Faites en sorte que tous ceux que vous devez commander soient persuadés que votre principale attention est de l es préserver de tout dommage. Les troupes que vous ferez avancer contre l'ennemi doivent être comme des pierres que vous lanceriez contre des œufs. De vous à l'ennemi il ne doit y avoir d'autre différence que celle du fort au faible, du vide au plein. Attaquez à découvert,

---

[1] Publicado em Paris em 1782.

mais soyez vainqueur en secret. Voilà en peu de mots en quoi consiste l'habileté & toute la perfection même du gouvernement des troupes."[2]

Ao longo do século XIX, que viu um desenvolvimento maravilhoso no estudo da literatura chinesa, nenhum tradutor se aventurou a trabalhar em Sun Tzŭ, embora seu trabalho fosse conhecido por ser altamente valorizado na China como o mais antigo e melhor compêndio de ciência militar. Foi somente no ano de 1905 que a primeira tradução em inglês, pelo Capitão E. F. Calthrop, R. F. A., apareceu em Tóquio sob o título "Sonshi" (a forma japonesa de Sun Tzŭ).[3] Infelizmente, era evidente que o conhecimento de chinês do tradutor era insuficiente demais para que ele pudesse lidar com as múltiplas dificuldades de Sun Tzŭ. Ele próprio reconhece abertamente que, sem a ajuda de dois cavalheiros japoneses, "a tradução que se segue teria sido impossível". Podemos somente nos admirar, então, que, com a ajuda deles, tenha sido tão excessivamente ruim. Não é uma mera questão de erros descarados, dos quais ninguém pode esperar estar de todo isento. Omissões foram frequentes; passagens difíceis foram propositalmente distorcidas ou arrastadas. Tais ofensas são menos perdoáveis. Elas não seriam toleradas em nenhuma edição de um clássico latino ou grego, e um padrão semelhante de honestidade deve ser exigido em traduções do chinês.

---

[2] Do francês: "Da habilidade na direção das tropas. Sun-tzu disse: Guarde os nomes de todos os oficiais, generais e subordinados; pegue-os em um catálogo separado, com uma nota dos talentos e habilidades de cada um, para que você possa usá-los a seu favor quando surgir a oportunidade. Certifique-se de que todos a quem você precisa solicitar estejam convencidos de que sua principal preocupação é protegê-lo. As tropas que você faz avançar contra o inimigo devem ser como pedras que você jogaria em cascas de ovo. De você para o inimigo, não deve haver outra diferença senão a do forte e do fraco, do vazio e da plenitude. Ataque em campo aberto, mas seja vitorioso em segredo. Isso, em uma palavra, consiste na habilidade e perfeição do governo das tropas". (N. E.)

[3] Um tom japonês um tanto perturbador permeia toda a obra. Por isso, rei Ho Lu se disfarça de "Katsuryo", Wu e Yüeh se tornam "Go" e "Etsu" etc.

De defeitos dessa natureza, ao menos, creio que a presente tradução está livre. Ela não foi realizada partindo de nenhuma estimativa inflada de minhas próprias habilidades; porém, não pude deixar de sentir que Sun Tzŭ merecia um destino melhor do que o que lhe havia sucedido, e eu sabia que, de qualquer forma, dificilmente deixaria de melhorar o trabalho de meus predecessores. Perto do final de 1908, uma nova e revisada edição da tradução do capitão Calthrop foi publicada em Londres, desta vez, no entanto, sem nenhuma alusão aos seus colaboradores japoneses. Meus três primeiros capítulos já estavam nas mãos do impressor, de modo que as críticas ao capitão Calthrop contidas neles devem ser entendidas como se referindo à sua edição anterior. Essa é, no geral, uma melhoria em relação à outra, embora ainda haja muito que não pode ser aprovado. Alguns dos erros mais grosseiros foram corrigidos e lacunas, preenchidas, entretanto, por outro lado, certo número de novos erros surge. A primeira frase da introdução é surpreendentemente imprecisa; e mais adiante, embora se faça menção a "um exército de comentaristas japoneses" sobre Sun Tzŭ (quem são estes, a propósito?), nem uma palavra é dita sobre os comentaristas chineses, que, no entanto, arrisco-me a afirmar, formam um "exército" muito mais numeroso e infinitamente mais importante.

Algumas características especiais do presente volume podem ser notadas agora. Primeiro, o texto foi dividido em parágrafos numerados, tanto para facilitar a referência cruzada quanto para a conveniência dos alunos em geral. A divisão segue amplamente a da edição de Sun Hsing-yen; entretanto, às vezes, considerei desejável unir dois ou mais de seus parágrafos em um. Ao citar outras obras, os escritores chineses raramente dão mais do que apenas o título como referência, e a tarefa de pesquisa tende a ser seriamente prejudicada por consequência. Com o objetivo de evitar essa dificuldade no que diz respeito a Sun Tzŭ, também anexei uma correspondência completa de caracteres chineses, seguindo nisso o admirável exemplo de Legge, embora um arranjo alfabético tenha sido preferido à distribuição sob radicais adotada por ele. Outra característica emprestada de *The Chinese Classics* é a impressão do texto original, tradução e notas na mesma página; as notas, no entanto, estão inseridas, conforme o método chinês, imediatamente após as passagens às quais se referem. Dos numerosos comentários nativos, meu objetivo foi extrair apenas o melhor, adicionando o texto chinês aqui e ali quando parecia apresentar pontos de interesse literário. Embora constitua em si um ramo importante da literatura chinesa, até agora, muito pouco comentário desse tipo foi tornado diretamente acessível via tradução.[4]

Concluindo, posso dizer que, devido à impressão de minhas páginas conforme eram concluídas, o trabalho não teve o benefício de uma revisão final. Em uma revisão do todo, sem modificar a substância de minhas críticas, eu poderia ter ficado disposto, em alguns casos, a moderar sua aspereza. Tendo escolhido empunhar um porrete, no entanto, não gritarei se em troca receber mais do que um tapinha nos dedos. De fato, tenho me esforçado para colocar uma espada nas mãos de futuros oponentes, dando escrupulosamente o texto ou a referência para cada passagem traduzida. Uma revisão mordaz, mesmo da pena do crítico de Xangai que despreza "meras traduções", não seria, devo confessar, totalmente indesejável. Pois, afinal, o pior destino que terei a temer é aquele que se abateu sobre os paradoxos engenhosos de George em *O vigário de Wakefield*.

---

[4] Uma exceção notável pode ser encontrada na tradução do *Chou Li* feita por Biot.

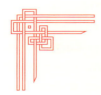

INTRODUÇÃO

SUN TZŬ E SEU LIVRO

Ssŭ-ma Ch'ien dá a seguinte biografia de Sun Tzŭ:[5]

Sun Tzŭ Wu era natural do estado de Ch'i. Seu *A arte da guerra* o fez ser notado por Ho Lu,[6] rei de Wu. Ho Lu lhe disse:

"Examinei com cuidado seus 13 capítulos. Posso submeter sua teoria da administração de soldados a um pequeno teste?"

Sun Tzŭ respondeu: "Claro".

Ho Lu perguntou: "O teste pode ser aplicado em mulheres?".

A resposta foi mais uma vez afirmativa, desse modo, foram tomadas providências para trazer 180 damas do Palácio. Sun Tzŭ as dividiu em duas companhias, e colocou uma das concubinas favoritas do rei no comando de cada uma. Em seguida, ele mandou que todas pegassem lanças e dirigiu-se a elas deste modo: "Acredito que saibam a diferença entre a frente e as costas, entre a mão direita e a esquerda?".

As moças responderam: "Sim".

Sun Tzŭ prosseguiu: "Quando eu der a ordem: 'Olhos à frente', devem olhar para a frente. Quando eu disser: 'Virar à esquerda', devem se voltar para sua esquerda. Quando eu comandar: 'Virar à direita',

---

[5] *Shih Chi*, cap. 65.
[6] Também grafado 闔閭 Ho Lü. Ele reinou de 514 a 496 a.C.

vocês devem se virar para sua direita. Quando eu falar: 'Meia volta', vocês dar a volta em direção às suas costas".

Mais uma vez as moças assentiram. Tendo desse modo sido explicadas as palavras de comando, ele preparou as alabardas e os machados de batalha para começar o exercício. Em seguida, ao som de tambores, deu a ordem: "Virar à direita". Mas as moças apenas caíram na gargalhada. Sun Tzŭ declarou:

"Se as palavras de comando não são claras e distintas, se as ordens não são totalmente compreendidas, então o general é o culpado."

Portanto, ele repassou os comando com elas, e desta vez deu a ordem: "Virar à esquerda", e ao que as moças mais uma vez caíram na gargalhada. Sun Tzŭ afirmou:

"Se as palavras de comando não são claras e distintas, se as ordens não são totalmente compreendidas, o general é o culpado. Mas se suas ordens *são* claras, e os soldados, mesmo assim, desobedecem, então a culpa é dos seus oficiais."

Tendo dito isto, ordenou que as líderes das duas companhias fossem decapitadas. Ora, o rei de Wu estava assistindo à cena do alto de um pavilhão elevado; e, quando viu que suas concubinas favoritas estavam prestes a ser executadas, ficou muito alarmado e rapidamente enviou a seguinte mensagem:

"Agora estamos bastante satisfeitos quanto à capacidade de nosso general para lidar com tropas. Se formos privados dessas duas concubinas, nossa carne e bebida perderão o sabor. É nosso desejo que elas não sejam decapitadas."

Sun Tzŭ respondeu:

"Tendo recebido de Vossa Majestade a incumbência de ser general de suas tropas, há certas ordens de Vossa Majestade que, atuando nessa posição, não posso acatar."

Desse modo, mandou decapitar as duas líderes e logo em seguida instituiu o par seguinte na ordem como líderes no lugar delas. Quando isso foi feito, o tambor soou mais uma vez para o exercício; e as moças executaram todas as evoluções, virando para a direita ou para a esquerda, marchando à frente ou dando a volta, ajoelhando-se ou levantando-se, com perfeita precisão e rigor, sem arriscarem a emitir um som. Depois disso, Sun Tzŭ enviou um mensageiro ao rei informando:

"Suas soldadas, Senhor, agora estão devidamente treinadas e disciplinadas, e prontas para a inspeção de Vossa Majestade. Elas podem ser utilizadas para qualquer fim que seu soberano desejar; mande-as passar pelo fogo e pela água, e elas não desobedecerão."

Contudo, o rei respondeu:

"Que nosso general pare o treinamento e retorne ao acampamento. Quanto a nós, não temos desejo de descer e inspecionar as tropas."

Diante disso, Sun Tzŭ declarou:

"O Rei se interessa apenas por palavras e não consegue traduzi-las em ações."

Depois disso, Ho Lu viu que Sun Tzŭ era alguém que sabia como lidar com um exército, e finalmente o nomeou general. No oeste, ele derrotou o estado de Ch'u e forçou seu caminho até Ying, a capital. Ao norte, ele aterrorizou os estados de Ch'i e Chin, e espalhou sua fama largamente entre os príncipes feudais. E Sun Tzŭ compartilhou do poder do rei.

Sobre o próprio Sun Tzŭ, isto é tudo que Ssŭ-ma Ch'ien tem a nos contar nesse capítulo. No entanto, ele prossegue dando uma biografia de seu descendente, Sun Pin, nascido cerca de cem anos após a morte de seu ancestral famoso, e também o notável gênio militar de seu tempo. O historiador também se refere a ele como Sun Tzŭ, e, em seu prefácio, lê-se: "Sun Tzŭ teve seus pés cortados, porém, ainda assim continuou a discutir a arte da guerra".[7] Parece provável, então, que "Pin" tenha sido um apelido que lhe foi dado após sua mutilação, a menos que a história tenha sido inventada para explicar o nome. O incidente mais eminente de sua carreira, a derrota esmagadora

---

[7] *Shih Chi*, cap. 130, f. 6 *rº*.

de seu rival traiçoeiro P'ang Chüan, será brevemente relatado no capítulo V, nota § 19.

Retornando ao Sun Tzŭ mais velho. Ele é mencionado em duas outras passagens do *Shih Chi*:

> No terceiro ano de seu reinado (512 a.C.), Ho Lu, rei de Wu, entrou em campo com Tzŭ-hsü [ou seja, Wu Yüan] e Po P'ei, e atacou Ch'u. Ele capturou a cidade de Shu e matou os dois filhos do príncipe que antes haviam sido generais de Wu. Ele estava então considerando um ataque a Ying [a capital]; porém, o general Sun Wu aconselhou: "O exército está exausto.[8] Ainda não é possível. Devemos esperar...".[9] [Após mais combates bem-sucedidos,] no nono ano (506 a.C.), rei Ho Lu se dirigiu a Wu Tzŭ-hsü e Sun Wu, dizendo: "Anteriormente, vocês declararam que ainda não era possível para nós entrarmos em Ying. O momento é propício agora?". Os dois homens responderam: "O general de Ch'u, Tzŭ-ch'ang[10], é ávido e ganancioso, e os príncipes de T'ang e Ts'ai ambos têm algo contra ele. Se Vossa Majestade está decidido a lançar um grande ataque, deve conquistar o apoio de T'ang e Ts'ai e, desse modo, poderá ter sucesso". Ho Lu seguiu este conselho, [derrotou Ch'u em cinco batalhas campais e marchou sobre Ying].[11]

Essa é a data mais recente em que algo é registrado sobre Sun Wu. Ele não parece ter sobrevivido a seu patrono, que morreu devido aos efeitos de um ferimento em 496.

---

[8] Observo que M. Chavannes traduz 民勞 como "le peuple est épuisé" ("o povo está exausto"). Mas no livro de Sun Tzŭ (ver principalmente VII §§ 24–26) o significado comum de 民 é "exército", o que, creio, é mais adequado aqui.

[9] Estas palavras são dadas também na biografia de Wu Tzŭ-hsü, cap. 66, fol. 3 *r*°.

[10] O título de Nang Wa.

[11] *Shih Chi*, cap. 31, fol. 6 *r*°.

Em outro capítulo, ocorre esta passagem:[12]

> A partir desta época, vários soldados famosos surgiram, um após o outro: Kao-fan[13], que foi empregado pelo estado de Chin; Wang-tzu[14], a serviço de Ch'i; e Sun Wu, a serviço de Wu. Esses homens desenvolveram e esclareceram os princípios da guerra.

É bastante óbvio que pelo menos Ssŭ-ma Ch'ien não tinha dúvidas sobre a realidade de Sun Wu como uma personagem histórica; e com uma exceção, a ser indicada em breve, ele é de longe a autoridade mais importante no período em questão. Não será necessário, portanto, falar muito sobre uma obra como o *Wu Yüeh Ch'un Qiu*, que supostamente foi escrito por Chao Yeh do século I d.C. A atribuição é um tanto duvidosa; mas, mesmo que fosse o contrário, seu relato seria de pouco valor, já que é baseado no *Shih Chi* e expandido com detalhes românticos. A história de Sun Tzŭ será encontrada, pelo que vale, no capítulo 2. Os únicos pontos novos nela que valem ressaltar são: 1) Sun Tzŭ foi recomendado pela primeira vez a Ho Lu por Wu Tzŭ-hsü. 2) Ele é declarado nativo de Wu.[15] 3) Ele já havia vivido uma vida reclusa, e seus contemporâneos desconheciam sua habilidade.

A passagem a seguir ocorre no Huai-nan Tzu: "Quando o soberano e os ministros demonstram perversidade mental, é impossível até mesmo para um Sun Tzŭ enfrentar o inimigo". Presumindo que esta obra é genuína (e até agora nenhuma dúvida foi lançada sobre ela), temos aqui a referência direta mais antiga a Sun Tzŭ, pois

---

[12] *Ibid.* cap. 25, fol. 1 *r*°.

[13] O título de Hu Yen, mencionado no cap. 39 sob o ano 637.

[14] Wang-tzŭ Ch'êng-fu, cap. 32, ano 607.

[15] O erro é bastante natural. Os críticos nativos referem-se ao 越絶書, uma obra do tempo da dinastia Han, que diz (cap. 2, fol. 3° v. da minha edição): "Ten *li* fora do portão Wu [da cidade de 吳 Wu, agora Soochow em Kiangsu] há um grande monte, erguido para homenagear a recepção de Sun Wu de Ch'i, que se destacou na arte da guerra, pelo Rei de Wu."

Huai-nan Tzu morreu em 122 a.C., muitos anos antes de o *Shih Chi* ser dado ao mundo.

Liu Hsiang (80-9 a.C.) declara: "A razão pela qual Sun Tzŭ, à frente de 30 mil homens, derrotou Ch'u com 200 mil é que estes últimos eram indisciplinados".

Têng Ming-shih nos informa que o sobrenome "Sun" foi concedido ao avô de Sun Wu pelo Duque Ching de Ch'i [547-490 a.C.]. O pai de Sun Wu, Sun P'ing, tornou-se Ministro de Estado em Ch'i, e o próprio Sun Wu, cujo título era Ch'ang-ch'ing, fugiu para Wu por conta da rebelião que estava sendo fomentada pelos parentes de T'ien Pao. Ele teve três filhos, dos quais o segundo, chamado Ming, foi o pai de Sun Pin. Conforme esse relato, portanto, Pin era neto de Wu,[16] o que, considerando que a vitória de Sun Pin sobre Wei foi conquistada em 341 a.C., pode ser descartado como cronologicamente impossível. Onde Têng Ming-shih obteve esses dados, eu não sei, mas é claro que nenhuma confiança pode ser depositada neles.

Um documento interessante que sobreviveu do fim do período Han é o pequeno prefácio escrito pelo Grande Ts'ao Ts'ao, ou Wei Wu Ti, para sua edição de Sun Tzŭ. Vou fornecê-lo na íntegra:

> Ouvi dizer que os antigos usavam arcos e flechas a seu favor.[17] O *Lun Yu* afirma: "Deve haver força militar suficiente". O *Shu Ching* menciona "o exército" entre os "oito instrumentos de governo". O *I Ching* declara: "'um exército' indica firmeza e justiça; o líder experiente terá boa sorte". O *Shih Ching* descreve: "O rei levantou-se majestoso em sua ira e comandou suas tropas". O Imperador Amarelo, T'ang, o Completador e Wu Wang todos usaram lanças e machados de batalha para socorrer sua geração. O *Ssu-ma Fa* estabelece: "Se um homem mata

---

[16] O *Shih Chi*, por outro lado, diz: "Observo brevemente que o nome Wu para alguém que foi um grande guerreiro é tão suspeito quanto Bin para um homem que teve seus pés cortados".

[17] "Amarraram cordas à madeira para fazer arcos e afiaram a madeira para fazer flechas. O uso de arcos e flechas mantém o Império assombrado."

outro deliberadamente, ele próprio pode ser merecidamente morto". Aquele que confia somente em medidas bélicas será exterminado; aquele que confia somente em medidas pacíficas perecerá. Exemplos disso são Fu Ch'ai de um lado e Yen Wang do outro.[18] Em assuntos militares, a regra do Sábio é normalmente manter a paz e mover suas forças somente quando a ocasião exigir. Ele não usará força armada a menos que seja compelido a isso pela necessidade.

Li muitos livros sobre os temas da guerra e da batalha; porém, a obra composta por Sun Wu é a mais profunda de todas. [Sun Tzŭ era nativo do estado de Ch'i, seu nome de nascimento era Wu. Ele escreveu a *A arte da guerra* em 13 capítulos para Ho Lu, Rei de Wu. Seus princípios foram testados em mulheres, e ele foi posteriormente feito general. Liderou um exército rumo ao oeste, esmagou o estado de Ch'u e entrou em Ying, a capital. No norte, manteve Ch'i e Chin atemorizados. Cem anos ou mais depois de seu tempo, viveu Sun Pin. Ele era descendente de Wu.][19] Em sua análise da deliberação e do planejamento, da importância da rapidez ao entrar em campo,[20] da clareza de concepção e da profundidade dos planos, Sun Tzŭ está além do alcance da crítica maliciosa. Meus contemporâneos, no entanto, falharam em compreender o significado completo de suas instruções e, ao colocar em prática os detalhes menores abundantes em sua obra, negligenciaram seu propósito essencial. Esse é o motivo que me levou a esboçar uma explicação geral do todo.

Uma coisa a ser notada no trecho acima é a declaração explícita de que os 13 capítulos foram compostos especialmente para o rei Ho

---

[18] Rei Yen de Hsü, um ser fabuloso, de quem Sun Hsing-yen diz em seu prefácio: "Sua humanidade o levou à destruição".

[19] A passagem que coloquei entre colchetes foi omitida no *T'u Shu* e pode ser uma interpolação. Era conhecida, no entanto, por Chang Shou-chieh da dinastia T'ang e aparece no *T'ai P'ing Yü Lan*.

[20] Ts'ao Kung parece estar pensando na primeira parte do cap. II, talvez especialmente no § 8.

Lu. Isso é apoiado pela evidência interna em I. § 15, no qual parece claro que dirige-se a algum governante.

Na seção bibliográfica do *Han Shu*, há um registro que suscitou muito debate: "As obras de Sun Tzŭ de Wu em 82 capítulos, com diagramas em 9 *chüan*". Está evidente que estes não podem ser tão somente os 13 capítulos conhecidos por Ssŭ-ma Ch'ien, ou aqueles que possuímos hoje. Chang Shou-chieh se refere a uma edição da *A arte da guerra* de Sun Tzŭ, na qual os "13 capítulos" formavam o primeiro *chüan*, acrescentando que havia outros dois *chüan* além desses. Isso gerou uma teoria de que a maior parte desses 82 capítulos consistia em outros escritos de Sun Tzŭ — deveríamos chamá-los de apócrifos —, semelhantes ao *Wên Ta*, do qual um espécime que trata das Nove Situações é preservado no *T'ung Tien*, e outro nos comentários de Ho Shin. É sugerido que antes de sua audiência com Ho Lu, Sun Tzŭ havia escrito apenas os 13 capítulos, mas depois compôs uma espécie de exegese na forma de perguntas e respostas entre ele e o rei. Pi I-hsun, o autor do *Sun Tzŭ Hsu Lu*, corrobora isso com uma citação do *Wu Yüeh Ch'un Qiu*: "O rei de Wu convocou Sun Tzŭ e o questionou sobre a arte da guerra. Cada vez que ele entregava um capítulo de sua obra, o rei não conseguia encontrar palavras suficientes para elogiá-lo". Conforme ele aponta, se toda a obra fosse detalhada na mesma escala dos fragmentos acima mencionados, o número total de capítulos não poderia deixar de ser considerável. Em seguida, os vários outros tratados atribuídos a Sun Tzŭ poderiam ser incluídos. O fato de que o *Han Chih* não menciona nenhuma obra de Sun Tzŭ exceto os 82 *p'ien*, enquanto as bibliografias Sui e T'ang dão os títulos de outros além dos "13 capítulos", é uma boa prova, considera Pi I-hsun, que todos estes estavam contidos nos 82 *p'ien*. Sem confiar na precisão dos detalhes fornecidos pelo *Wu Yüeh Ch'un Qiu*, nem reconhecer a autenticidade de qualquer um dos tratados citados por Pi I-hsun, é possível ver nesta teoria uma provável solução para o mistério. Entre Ssŭ-ma Ch'ien e Pan Ku houve tempo de sobra para uma exuberante safra de falsificações ter brotado sob o nome mágico de Sun Tzŭ, e os 82 *p'ien* podem muito bem representar uma edição coletada destas agrupadas junto da obra original. Também é possível, embora menos provável, que alguns deles existissem na época do historiador mais antigo e tenham sido propositalmente ignorados por ele.

Tu Mu, depois de Ts'ao Kung, o comentarista mais importante sobre Sun Tzŭ, compôs o prefácio para sua edição em meados do século IX. Após uma defesa um tanto longa da arte militar, ele finalmente chega ao próprio Sun Tzŭ e faz uma ou duas afirmações muito surpreendentes: "Os escritos de Sun Wu", afirma, "originalmente compreendiam várias centenas de milhares de palavras, mas Ts'ao Ts'ao, o Imperador Wu Wei, eliminou todas as redundâncias e escreveu a essência do todo, de modo a formar um único livro em 13 capítulos". Ele continua, observando que o comentário de Ts'ao Ts'ao sobre Sun Tzŭ deixa um certo número de pontos difíceis sem explicação. Isso, na opinião de Tu Mu, não implica necessariamente que ele não foi capaz de fornecer um comentário completo. De acordo com o *Wei Chih*, o próprio Ts'ao escreveu um livro sobre guerra em algo em torno de 100 mil palavras. Parece ter sido tão excepcional que ele suspeita que Ts'ao tenha usado para isso o material excedente que havia encontrado em Sun Tzŭ. Ele conclui, no entanto, dizendo: "O *Hsin* Shu agora está perdido, de modo que a verdade não pode ser conhecida com certeza".

A hipótese de Tu Mu parece se basear em uma passagem que afirma: "Wei Wu Ti reuniu a *A arte da guerra* de Sun Wu", que, por sua vez, pode ter resultado de uma má compreensão das últimas palavras do prefácio de Ts'ao King: Isso, conforme Sun Hsing-yen aponta, é apenas uma maneira modesta de dizer que ele fez uma paráfrase explicativa ou, em outras palavras, escreveu um comentário sobre a obra. No geral, essa teoria encontrou muito pouca aceitação. Portanto, o *Ssu K'u Ch'üan Shu* afirma: "A menção aos 13 capítulos no *Shih Chi* revela que eles existiam antes do *Han Chih*, e que os últimos acréscimos não devem ser considerados parte da obra original. A afirmação de Tu Mu certamente não pode ser tomada como prova".

Há razões suficientes para supor, portanto, que os 13 capítulos existiam na época de Ssŭ-ma Ch'ien praticamente como os temos agora. Que a obra era então bem conhecida, ele nos conta com as seguintes palavras: "Os *13 Capítulos* de Sun Tzŭ e a *A arte da guerra* de Wu Ch'i são os dois livros que as pessoas comumente consultam quanto ao tema de assuntos militares. Ambos são amplamente distribuídos, por isso, não os discutirei aqui". Mas à medida que recuamos, sérias dificuldades começam a surgir. O fato mais relevante que deve ser encarado é que o *Tso Chuan*, o principal registro da época, não faz nenhuma menção a Sun Wu, seja como general ou como escritor. É natural, em vista dessa estranha circunstância, que muitos estudiosos não apenas lancem dúvidas sobre a história de Sun Wu conforme relatada no *Shih Chi*, mas que até mesmo se mostrem francamente céticos quanto à existência do homem. A representação mais intensa deste lado do caso pode ser encontrada na seguinte exposição de Yeh Shui-hsin:

> É declarado na história de Ssŭ-ma Ch'ien que Sun Wu era nativo do estado de Ch'i, e empregado por Wu; e que no reinado de Ho Lu ele esmagou Ch'u, entrou em Ying, e foi um grande general. Todavia, no *Comentário de Tso* nenhum Sun Wu aparece. É verdade que o *Comentário de Tso* não precisa conter absolutamente tudo o que outras histórias contêm. Contudo, Tso não deixou de mencionar plebeus comuns e rufiões mercenários tais como Ying K'ao-shu, Ts'ao Kuei,, Ch'u Chih-wu e Chuan She-chu. No caso de Sun Wu, cuja fama e realizações foram tão brilhantes, a omissão é muito mais gritante. Novamente, detalhes são fornecidos, em sua devida ordem, sobre seus contemporâneos Wu Yüan e o Ministro P'ei. É crível que apenas Sun Wu tenha sido preterido?

Em termos de estilo literário, a obra de Sun Tzŭ pertence à mesma escola de *Kuan Tzu*,[21] *Liu T'ao*, e *Yüeh Yu*[22] e pode ter sido a produção de algum erudito independente que viveu no final da "Primavera e Outono" ou no início do período dos "Estados Combatentes".[23] A história de que seus preceitos foram realmente aplicados pelo estado de Wu é apenas o resultado de declarações exageradas por parte de seus seguidores.

Do período de florescimento da dinastia Chou[24] até a época da "Primavera e Outono", todos os comandantes militares eram também estadistas, e a classe de generais profissionais, encarregados de conduzir campanhas externas, não existia nessa época. Foi somente no período dos "Seis Estados"[25] que esse costume mudou. Ora, embora Wu fosse um Estado incivilizado, é concebível que Tso não tenha registrado o fato de que Sun Wu era um grande general e, ainda assim, não ocupava nenhum cargo civil? O que nos é dito, portanto, sobre Jang-chü[26] e Sun Wu não é informação genuína, mas a criação imprudente de comentaristas teorizadores. A história do experimento de Ho Lu com as mulheres, em especial, é totalmente absurda e inacreditável.

Yeh Shui-hsin declara que Ssŭ-ma Ch'ien afirmou ter esmagado Sun Wu Ch'u e invadido Ying. Isso não é exatamente correto. Sem dúvida, a impressão deixada na mente do leitor é que ele pelo menos participou dessas façanhas. O fato pode ou não ser significativo; mas não é explicitamente declarado em nenhuma parte no *Shih Chi*

---

[21] O núcleo desta obra é provavelmente genuíno, embora grandes adições tenham sido feitas por mãos posteriores. Kuan Chung morreu em 645 a.C.

[22] Não sei que obra é essa, a menos que seja o último capítulo. No entanto, não está claro por que esse capítulo deveria ser destacado.

[23] Cerca de 480 a.C.

[24] Essa é, suponho, a era de Wu Wang e Chou Kung.

[25] No século III a.C.

[26] Ssŭ-ma Jang-chü, cujo sobrenome era T'ien, viveu na segunda metade do século VI a.C., e também se acredita que tenha escrito uma obra sobre a guerra. Ver *Shih Chi*, cap. 64, e abaixo, p. 1.

que Sun Tzŭ era general na ocasião da tomada de Ying, ou que ele sequer foi até lá. Além disso, como sabemos que Wu Yüan e Po P'ei participaram da expedição, e também que seu sucesso deveu-se em grande parte à coragem e iniciativa de Fu Kai, irmão mais novo de Ho Lu, não é fácil ver como outro general poderia ter desempenhado um papel muito proeminente na mesma campanha.

Ch'en Chen-sun da dinastia Sung tem a seguinte nota:

> Escritores militares consideram Sun Wu o pai de sua arte. Contudo, o fato de ele não aparecer no *Tso Chuan*, embora se afirme que ele serviu sob o rei Ho Lu de Wu, torna incerto a que período ele de fato pertenceu.

Ele também afirma:

> As obras de Sun Wu e Wu Ch'i podem ser de antiguidade genuína.

Percebe-se que tanto Yeh Shui-hsin quanto Ch'en Chen-sun, enquanto rejeitam a personalidade de Sun Wu da maneira como ele aparece na história de Ssŭ-ma Ch'ien, estão inclinados a aceitar a data tradicionalmente designada para a obra cuja autoria lhe é atribuída. O autor do *Hsu Lu* falha em apreciar essa distinção e, por conseguinte, seu ataque amargo a Ch'en Chen-sun de fato erra o alvo. Ele ressalta um de dois pontos, no entanto, que sem dúvida argumentam a favor da grande antiguidade de nossos "13 capítulos". "Sun Tzŭ", afirma ele, "deve ter vivido na era de Ching Wang [519-476], porque é frequentemente plagiado em obras subsequentes das dinastias Chou, Ch'in e Han". Os dois infratores mais descarados a esse respeito são Wu Ch'i e Huai-nan Tzu, ambos personagens históricos importantes em seus períodos. O primeiro viveu apenas um século após a suposta época de Sun Tzŭ, e sabe-se que sua morte ocorreu em 381 a.C. Foi a ele, de acordo com Liu Hsiang, que Tseng Shen entregou o *Tso Chuan*, que lhe havia sido confiado por seu autor.[27] Agora, o fato de que citações de *A arte da guerra*, admitidas ou não, podem ser encontradas em tantos autores de diferentes épocas, a estabelece muito fortemente como anterior a todas elas — em outras palavras, que o tratado de Sun Tzŭ já existia no final do século v a.C. Outra prova da antiguidade de Sun Tzŭ é fornecida pelos significados arcaicos ou totalmente obsoletos atribuídos a várias palavras que ele usa. Uma lista deles, que talvez possa ser ampliada, é fornecida no *Hsu Lu*; e, embora algumas das interpretações sejam duvidosas, o argumento principal dificilmente é afetado por isso. Mais uma vez, não se deve esquecer que Yeh Shui-hsin, um estudioso e crítico de primeira categoria, deliberadamente declara o estilo dos 13 capítulos como pertencente à primeira parte do século v. Considerando que ele está efetivamente engajado em uma tentativa de refutar a existência do próprio Sun Wu, podemos ter certeza de que ele não teria hesitado em atribuir o trabalho a uma data posterior caso não acreditasse honestamente no contrário. E é justamente nesse ponto que a avaliação de um chinês instruído terá mais peso. Outras evidências internas não são difíceis de detectar. Desse modo, em XIII. § 1, há uma alusão inconfundível ao antigo sistema de posse de terra que já havia desaparecido na época de Mêncio, que ansiava por vê-lo restaurado em uma forma alterada.[28] A única guerra que Sun Tzŭ conhece é aquela travada entre os vários príncipes feudais, na qual carros de batalha fortificados desempenham papel importante. Sua utilização parece ter desaparecido por completo antes do fim da dinastia Chou. Ele fala como um homem de Wu, um estado que deixou de existir já em 473 a.C. Abordarei esse assunto em breve.

Mas uma vez que se atribui a obra ao século v ou antes, as chances de ser outra coisa que não uma produção de autêntica diminuem

---

[27] Ver Legge's *Classics*, vol. V, Prolegomena p. 27. Legge acredita que o *Tso Chuan* deve ter sido escrito no século v" mas não antes de 424 a.C.

[28] Ver *Mêncio* III. 1. iii. 13–20.

de forma considerável. A grande era das falsificações não começou até muito tempo depois. Que ela tenha sido forjada no período logo após 473 é particularmente improvável, pois ninguém, via de regra, corre para se identificar com uma causa perdida. Quanto à teoria de Yeh Shui-hsin, de que o autor era um recluso literário,[29] parece-me bastante insustentável. Se uma coisa é mais aparente do que outra após a leitura das máximas de Sun Tzŭ, é que sua essência foi destilada de um grande estoque de observação e experiência pessoal. Elas refletem não apenas a mente de um estrategista nato, dotado de rara capacidade de generalização, mas também de um soldado prático intimamente familiarizado com as condições militares de seu tempo. Para não mencionar o fato de que esses ensinamentos foram aceitos e endossados por todos os maiores capitães da história chinesa, eles oferecem uma combinação de frescor e sinceridade, perspicácia e bom senso, o que exclui por completo a ideia de que foram artificialmente inventados no escritório. Se admitirmos, portanto, que os 13 capítulos foram a produção genuína de um militar que viveu no final do período "Ch'un Qiu", não estamos obrigados, apesar do silêncio do *Tso Chuan*, a aceitar o relato de Ssŭ-ma Ch'ien em sua totalidade? Em vista de sua alta reputação como um historiador sóbrio, não devemos hesitar em considerar que os registros nos quais ele se baseou para escrever a biografia de Sun Wu eram falsos e indignos de confiança? A resposta, temo, deve ser negativa. Ainda há uma grave, se não fatal, objeção à cronologia envolvida na história, conforme contada no *Shih Chi*, que, até onde sei, ninguém apontou ainda. Há duas passagens em Sun Tzŭ nas quais ele faz alusão a assuntos contemporâneos. A primeira está em VI, § 21:

---

[29] O guerreiro da floresta da montanha não precisa ser forçado a significar morador das montanhas de fato. Creio que apenas denota uma pessoa que vive uma vida reclusa e se mantem distante dos assuntos públicos.

Embora, conforme minhas estimativas, os soldados de Yüeh excedam os nossos em número, isso não os beneficiará em nada em matéria de vitória. Digo, portanto, que a vitória pode ser alcançada.

A outra está em XI, § 30:

Questionado se é possível fazer um exército imitar o *shuai-jan*, eu deveria responder "sim". Pois os homens de Wu e os homens de Yüeh são inimigos; ainda assim, se eles estiverem cruzando um rio no mesmo barco e forem pegos por uma tempestade, auxiliarão uns aos outros da mesma maneira que a mão esquerda ajuda a direita.

Esses dois parágrafos são extremamente valiosos como evidência da data da composição. Eles atribuem a obra ao período do conflito entre Wu e Yüeh. Isso foi observado por Pi I-hsun. Mas o que até agora escapou à atenção é que eles também prejudicam seriamente a credibilidade da narrativa de Ssŭ-ma Ch'ien. Como vimos acima, a primeira data precisa dada em conexão com Sun Wu é 512 a.C. Ele é então mencionado como sendo um general, servindo como conselheiro confidencial de Ho Lu, de modo que sua suposta apresentação a este monarca já havia ocorrido, e é claro que os 13 capítulos devem ter sido escritos ainda antes. No entanto, naquela época, e por vários anos depois, até a tomada de Ying em 506, 楚 Ch'u e não Yüeh, era o grande inimigo hereditário de Wu. Os dois estados, Ch'u e Wu, estiveram constantemente em guerra por mais de meio século,[30] enquanto a primeira guerra entre Wu e Yüeh foi travada apenas em 510,[31] e, mesmo assim, não passou de um curto interlúdio inserido no meio do confronto feroz com Ch'u. Ora, Ch'u não é mencionado em ponto algum dos 13 capítulos. A conclusão

---

[30] Quando Wu aparece pela primeira vez no *Ch'un Ch'iu* em 584, ele já está em desacordo com seu poderoso vizinho. O *Ch'un Ch'iu* menciona Yüeh pela primeira vez em 537, o *Tso Chuan* em 601.

[31] Isso é explicitamente afirmado no *Tso Chuan*.

natural é que eles foram escritos em uma época em que Yüeh havia se tornado o principal antagonista de Wu, isto é, depois que Ch'u sofreu a grande humilhação de 506. A esta altura, uma tabela de datas pode ser considerada útil.

a.C.	
514	Adesão de Ho Lu.
512	Ho Lu ataca Ch'u, mas é dissuadido de invadir a capital Ying. *Shih Chi* menciona Sun Wu como general.
511	Outro ataque a Ch'u.
510	Wu faz um ataque bem-sucedido a Yüeh. Esta é a primeira guerra entre os dois estados.
509 ou 508	Ch'u invade Wu, mas sofre uma derrota significativa em Yu-chang.
506	Ho Lu ataca Ch'u com a ajuda de T'ang e Ts'ai. Batalha decisiva em Po-chu e tomada de Ying. Última menção a Sun Wu no *Shih Chi*.
505	Yüeh ataca Wu na ausência do exército. Wu é derrotado por Qin e evacua Ying.
504	Ho Lu envia Fu Ch'ai para atacar Ch'u.
497	Kou Chien se torna rei de Yüeh.
496	Wu ataca Yüeh, mas é derrotado por Kou Chien em Tsui-li. Ho Lu é morto.
494	Fu Ch'ai derrota Kou Chien na grande batalha de Fu-chaio, e entra na capital de Yüeh.
485 ou 484	Kou Chien presta homenagem a Wu. Morte de Wu Tzŭ-hsü.
482	Kou Chien invade Wu na ausência de Fu Ch'ai.
478 a 476	Novos ataques de Yüeh a Wu.
475	Kou Chien sitia a capital de Wu.
473	Última derrota e extinção de Wu.

A frase citada acima de VI § 21 dificilmente me parece uma que poderia ter sido escrita no auge da vitória. Parece antes implicar que, pelo menos naquele momento, a maré havia se voltado contra Wu, e que eles estavam levando a pior na batalha. Portanto, podemos concluir que o tratado não existia em 505, data antes da qual Yüeh não parece ter obtido nenhum sucesso notável contra Wu. Ho Lu morreu em 496, de modo que, se o livro foi escrito para ele, deve ter sido durante o período de 505-496, quando houve uma diminuição nas hostilidades, Wu tendo presumivelmente se exaurido por seus imensos esforços contra Ch'u. Por outro lado, se desconsideramos a tradição que conecta o nome de Sun Wu a Ho Lu, ele poderia muito bem ter visto a luz entre 496 e 494, ou possivelmente no período de 482-473, quando Yüeh estava mais uma vez se tornando uma ameaça muito séria.[32] Podemos ter certeza de que o autor, quem quer que tenha sido, não era um homem de grande eminência em sua época. Neste ponto, o testemunho negativo do *Tso Chuan* supera em muito qualquer resquício de autoridade ainda vinculado ao *Shih Chi*, se antes seus outros fatos são desacreditados. Sun Hsing-yen, no entanto, faz uma tentativa fraca de explicar a omissão do nome do grande comentário. Foi Wu Tzŭ-hsü, afirma ele, quem recebeu todo o crédito pelas façanhas de Sun Wu, porque este último (sendo um estrangeiro) não foi recompensado com um cargo no Estado.

Como, então, a lenda de Sun Tzŭ se originou? Pode ser que a crescente celebridade do livro tenha conferido aos poucos uma espécie de renome fictício ao seu autor. Considerou-se que era justo e apropriado que alguém tão bem versado na ciência da guerra também tivesse sólidas realizações creditadas a si. Ora, a captura de Ying foi, sem dúvida, o maior feito militar durante o reinado de Ho Lu; causou uma impressão profunda e duradoura em todos os estados vizinhos e elevou Wu ao curto apogeu de seu poder. Portanto, nada

---

[32] Há que dizer o seguinte sobre o período posterior: a rixa tenderia a tornar-se mais amarga após cada encontro, justificando assim mais plenamente a linguagem usada no XI § 30.

mais natural do que, com o passar do tempo, o célebre mestre da estratégia, Sun Wu, ser popularmente relacionado a essa campanha, a princípio, talvez apenas no sentido de que sua mente a concebeu e planejou; depois, que ela foi de fato conduzida por ele juntamente com Wu Yüan,[33] Po P'ei e Fu Kai?

Está claro que qualquer tentativa de reconstruir até mesmo um esboço da vida de Sun Tzŭ deve ser baseada quase totalmente em conjecturas. Com esta ressalva necessária, eu diria que provavelmente ele entrou a serviço de Wu na época da ascensão de Ho Lu, e ganhou experiência, embora apenas na capacidade de oficial subordinado, durante a intensa atividade militar que marcou a primeira metade do governo do príncipe.[34] Se ele chegou a ser general, com certeza nunca esteve em pé de igualdade com os três acima mencionados. Sem dúvida ele estava presente na investida contra e ocupação de Ying, e testemunhou o colapso repentino de Wu no ano seguinte. O ataque de Yüeh nesse momento crítico, quando seu rival estava envergonhado por todos os lados, parece tê-lo convencido de que este reino emergente era o grande inimigo contra o qual todos os esforços teriam de ser direcionados a partir de então. Sun Wu era, desse modo, um guerreiro experiente quando se sentou para escrever seu famoso livro que, segundo meus cálculos, deve ter surgido no final e não no início do reinado de Ho Lu. A história das mulheres pode ter surgido de algum incidente real ocorrido na mesma época. Como não ouvimos mais falar sobre Sun Wu depois disso de nenhuma fonte, é pouco provável que ele tenha sobrevivido ao seu patrono ou tenha participado do confronto mortal contra Yüeh, que começou com o desastre em Tsui-li.

---

[33] Com o próprio Wu Yüan o caso é exatamente o inverso: um tratado espúrio sobre a guerra foi criado para ele simplesmente porque ele foi um grande general. Aqui temos um incentivo óbvio para a falsificação. Sun Wu, por outro lado, não pode ter sido amplamente conhecido pela fama no século V.

[34] Ver *Tso Chuan*, 4º ano (506), § 14: "Desde a data da ascensão do rei Chao (515) não houve nenhum ano em que Ch'u não foi atacado por Wu".

Se essas inferências estiverem próximas da verdade, há uma certa ironia no destino que decretou que o mais ilustre homem da paz da China fosse contemporâneo de seu maior escritor sobre a guerra.

O TEXTO DE SUN TZŬ

Descobri ser difícil obter muitas informações sobre a história do texto de Sun Tzŭ. As citações que ocorrem em autores antigos mostram que os "13 capítulos" dos quais Ssŭ-ma Ch'ien fala eram essencialmente os mesmos que existem agora. Temos sua palavra de que eles eram amplamente divulgados em sua época, e podemos apenas lamentar por ele ter se abstido de discuti-los por esse motivo.[35] Sun Hsing-yen afirma em seu prefácio:

> Durante as dinastias Qin e Han, *A arte da guerra* de Sun Tzŭ era de uso geral entre os comandantes militares, porém, eles parecem tê-la tratado como uma obra de importância misteriosa, e não estavam dispostos a explicá-la para o benefício da posteridade. Sendo assim, Wei Wu acabou sendo o primeiro a escrever um comentário sobre ela.

Como já vimos, não há base razoável para supor que Ts'ao Kung tenha adulterado o texto. Mas o texto em si é com frequência tão obscuro, e o número de edições que apareceram a partir daquela época tão grande, em especial durante as dinastias T'ang e Sung, que seria surpreendente se numerosas corrupções não tivessem conseguido se infiltrar. Em meados do período Sung, época em que todos os principais comentários sobre Sun Tzŭ já existiam, um certo Chi T'ien-pao publicou uma obra em 15 *chüan* intitulada *Sun Tzŭ com os comentários reunidos de dez autores*. Havia outro texto, com leituras diferentes apresentadas por Ch'u Fu de Ta-hsing,[36] que também tinha apoiadores entre os eruditos daquele período; entretanto, nas edições

---

[35] Ver acima.

[36] Aludindo à p. xvii, nota 3.

Ming, Sun Hsing-yen nos conta, essas leituras não foram mais postas em circulação por algum motivo. Desse modo, até o final do século XVIII, o único texto em campo era um derivado da edição de Chi T'ien-pao, embora nenhuma cópia verdadeira dessa importante obra tenha sobrevivido. Esse, portanto, é o texto de Sun Tzŭ que aparece na seção Guerra da grande enciclopédia imperial impressa em 1726, a *Ku Chin T'u Shu Chi Ch'eng*. Outra cópia à minha disposição do que é praticamente o mesmo texto, com pequenas variações, é aquela contida no *Onze filósofos das dinastias Chou e Qin* de 1758. E o chinês impresso na primeira edição do capitão Calthrop é evidentemente uma versão semelhante que passou pelos canais japoneses. Assim as coisas permaneceram até Sun Hsing-yen (1752-1818), um distinto antiquário e estudioso clássico, que alegou ser descendente real de Sun Wu,[37] por acaso, descobriu uma cópia da obra há muito perdida de Chi T'ien-pao, quando visitava a biblioteca do templo Hua-yin.[38] Anexado a ela estava o *I Shuo* de Chêng Yu-hsien, mencionado no *T'ung Chih*, e também se acredita ter perecido. Isto é o que Sun Hsing-yen designa como a "edição (ou texto) original" — um nome um tanto enganoso, pois não pode de forma alguma reivindicar nos apresentar o texto de Sun Tzŭ em sua pureza imaculada. Chi T'ien-pao foi um compilador descuidado e parece ter se contentado em reproduzir a versão um tanto degradada difundida em sua época, sem se preo-cupar em compará-la com as primeiras edições então disponíveis. Felizmente, duas versões de Sun Tzŭ, ainda mais antigas que a obra recém-descoberta, ainda existiam, uma enterrada no *T'ung Tien*, o

---

[37] Prefácio final: "Minha família vem de Lo-an, e nós somos descendentes verdadeiros de Sun Tzŭ. Tenho vergonha de dizer que só li a obra do meu antepassado do ponto de vista literário, sem compreender a técnica militar. Há muito tempo que desfrutamos das bênçãos da paz!".

[38] Hua-yin fica a cerca de 22 quilômetros de T'ung-kuan, na fronteira oriental de Shensi. O templo em questão ainda é visitado por quem está prestes a escalar a Montanha Sagrada Ocidental. É mencionado no cap. 32, f. 22, como "Situado cinco *li* a leste da cidade distrital de Hua-yin. O templo contém a placa Hua-shan inscrita pelo imperador T'ang Hsüan Tsung (713–755)".

grande tratado de Tu Yu sobre a Constituição, a outra similarmente consagrada na enciclopédia *T'ai P'ing Yu Lan*. Em ambas as obras, o texto completo pode ser encontrado, embora separado em fragmentos, misturado com outros temas e disperso em pequenos trechos por várias seções diferentes. Considerando que o *Yu Lan* nos leva de volta ao ano 983, e o *T'ung Tien* cerca de 200 anos mais adiante, para o meio da dinastia T'ang, o valor dessas primeiras transcrições de Sun Tzŭ dificilmente pode ser superestimado. No entanto, a ideia de utilizá-las não parece ter ocorrido a ninguém até que Sun Hsing-yen, agindo sob instruções do governo, empreendeu uma revisão completa do texto. Este é seu próprio relato:

> Devido aos numerosos erros no texto de Sun Tzŭ que seus editores haviam passado adiante, o Governo ordenou que a edição antiga [de Chi T'ien-pao] fosse usada, e que o texto fosse completamente revisado e corrigido. Ocorre que Wu Nien-hu, o Governador Pi Kua, e Hsi, um graduado de segundo grau, haviam se dedicado a este estudo, provavelmente me superando nisso. Por conseguinte, tive todo o trabalho dividido em blocos como um livro de estudo para militares.

Os três indivíduos aqui mencionados evidentemente haviam trabalhando com o texto de Sun Tzŭ antes de Sun Hsing-yen receber sua incumbência, porém, restam dúvidas quanto ao trabalho que eles de fato realizaram. De qualquer forma, a nova edição, quando finalmente produzida, apareceu sob os nomes de Sun Hsing-yen e apenas um coeditor Wu Jen-shi. Eles se baseraram na "edição original" e, por meio de comparação minuciosa com versões mais antigas, bem como com comentários existentes e outras fontes de informação, como o *I Shuo*, conseguiram restaurar um número muito grande de passagens duvidosas e produziram, no geral, o que deve ser aceito como a melhor aproximação que provavelmente teremos do trabalho original de Sun Tzŭ. Isso é o que, daqui em diante, será denominado "texto padrão".

A cópia que usei pertence a uma reedição datada de 1877. Consiste em 6 *pen*, fazendo parte de um conjunto bem impresso de 23 primeiras obras filosóficas em 83 *pen*. É aberta por um prefácio de Sun Hsing-yen (amplamente citado nesta introdução), sustentando a visão tradicional da vida e das atuações de Sun Tzŭ, e resumindo de forma notavelmente concisa as evidências a seu favor. Esta é seguida pelo prefácio de Ts'ao Kung para sua edição e pela biografia de Sun Tzŭ do *Shih Chi*, ambos traduzidos acima. Depois vem, primeiro, o *I Shuo* de Cheng Yu-hsien,[39] com prefácio do autor, e, a seguir, uma pequena miscelânea de informações históricas e bibliográficas intitulada *Sun Tzŭ Hsü Lu*, compilada por Pi I-hsün. Quanto ao corpo da obra, cada frase separada é seguida por uma observação sobre o texto, se necessário e, então, pelos vários comentários pertinentes a ela, organizados em ordem cronológica. Estes nós discutiremos agora um por um brevemente.

---

[39] Esta é uma discussão de 29 passagens difíceis em Sun Tzŭ, a saber: I. 2; 26; 16; II. 9 e 10; III. 3; III e VII; III. 17; IV. 4; 6; V. 3; 10 e 11; 14; os títulos dos 13 capítulos, com referência especial ao cap. VII; VII. 5; 15 e 16; 27; 33, &c.; VIII. 1–6; IX. 11; X. 1–20; XI. 23; 31; 19; 43; VII. 12–14 e XI. 52; XI. 56; XIII. 15 e 16; 26; XIII em geral.

OS COMENTARISTAS

Sun Tzŭ pode se gabar de uma lista excepcionalmente longa e distinta de comentaristas, o que honraria qualquer clássico. Ou-yang Hsiu comenta esse fato, embora tenha escrito antes que o conto estivesse completo, e o explica engenhosamente afirmando que os artifícios da guerra, sendo inesgotáveis, devem, portanto, ser suscetíveis a serem tratados de uma grande variedade de maneiras.

1. **Ts'ao Ts'ao** ou Ts'ao Kung, posteriormente conhecido como Wei Wu Ti [155-220 d.C.]. Não há quase nenhuma margem para dúvidas de que o primeiro comentário sobre Sun Tzŭ de fato saiu da pena deste homem extraordinário, cuja biografia no *San Kuo Chih* parece um romance. Um dos maiores gênios militares que o mundo já viu, e napoleônico na escala de suas operações, ele era especialmente famoso pela maravilhosa rapidez de suas marchas, que encontrou expressão na frase: "Fale de Ts'ao Ts'ao, e Ts'ao Ts'ao aparecerá". Ou-yang Hsiu, ao falar dele, afirma que ele foi um grande capitão que "mediu sua força contra Tung Cho, Lu Pu e os dois Yuan, pai e filho, e derrotou a todos; quando então dividiu o Império de Han com Wu e Shu, e se fez rei. Está registrado que sempre que um conselho de guerra era realizado por Wei na véspera de uma campanha de longo alcance, ele tinha todos os seus cálculos prontos; os generais que faziam uso deles não perdiam uma batalha em dez; aqueles que iam contra eles em qualquer detalhe viram seus exércitos imediatamente derrotados e afugentados". As notas de Ts'ao Kung sobre Sun Tzŭ, modelos de brevidade austera, são tão perfeitamente características do comandante severo conhecido pela história, que é de fato difícil concebê-las como o trabalho de um mero literato. Na verdade, às vezes,

devido à sua extrema concisão, elas são dificilmente compreensíveis e precisam de um comentário tanto quanto o próprio texto.[40]

2. Mêng Shih. O comentário que chegou até nós sob este nome é comparativamente escasso, e nada sobre o autor é conhecido. Nem mesmo seu nome de nascimento foi registrado. A edição de Chi T'ien-pao o coloca depois de Chia Lin, e Ch'ao Kung-wu também o localiza na dinastia T'ang,[41] mas isso é obviamente um erro. No prefácio de Sun Hsing-yen, ele aparece como Mêng Shih da dinastia Liang [502–557]. Outros o identificariam com Mêng K'ang do século III.[42] Ele é nomeado o último dos "Cinco Comentadores", os outros sendo Wei Wu Ti, Tu Mu, Ch'ên Hao e Chia Lin.

3. Li Ch'üan, do século VIII, foi um escritor sobre táticas militares bastante conhecido. Seu trabalho tem sido usado constantemente até os dias atuais. O *T'ung Chih* menciona (*Vidas de generais famosos da dinastia Chou à T'ang*) como tendo sido escrito por ele.[43] Também é geralmente considerado o verdadeiro autor do popular tratado taoísta. De acordo com Ch'ao Kung-wu e o catálogo T'ien-i-ko, ele veio depois do texto de Sun Tzŭ, que difere consideravelmente daqueles existentes hoje. Suas notas são em sua maioria curtas e diretas, e ele com frequência ilustra suas observações com anedotas da história chinesa.

4. Tu Yu (morto em 812) não publicou um comentário separado sobre Sun Tzŭ, suas notas foram tiradas do *T'ung Tien*, o tratado enciclopédico sobre a Constituição que foi o trabalho de sua vida. Elas são em grande parte repetições de Ts'ao Kung e Meng Shih; além disso, acredita-se que ele se baseou nos comentários antigos de Wang Ling e de outros. Devido à organização peculiar do *T'ung Tien*, ele

---

[40] Conferir: *Catálogo da biblioteca da família Fan em Ningpo*, , fol. 12 *v*°: "Seu comentário é frequentemente obscuro; fornece uma pista, mas não desenvolve completamente o significado".

[41] *Wên Hsien T'ung K'ao* , cap. 221, f. 9 *v*°.

[42] Cap. 207, f. 5 *r*°.

[43] É interessante notar que M. Pelliot descobriu recentemente os capítulos 1, 4 e 5 desta obra perdida nas "Grutas dos Mil Budas". Ver B. E. F. E. O, t. VIII, nos. 3–4, p. 525.

tem que explicar cada passagem por si só, separada do contexto, e algumas vezes sua própria explicação não concorda com a de Ts'ao Kung, a quem ele sempre cita primeiro. Embora não seja estritamente considerado um dos "Dez Comentadores", ele foi acrescentado ao número deles por Chi T'ien-pao, sendo erroneamente colocado após seu neto Tu Mu.

5. Tu Mu (803-852) é talvez mais conhecido como poeta — uma estrela brilhante até mesmo na gloriosa galáxia do período T'ang. Ch'ao Kung-wu nos informa que, embora Tu Mu não tivesse experiência prática de guerra, ele gostava muito de discutir o assunto e, além disso, era bem versado na história militar das eras *Ch'un Qiu* e *Chan Kuo*. Suas notas, portanto, são bastante dignas de atenção. Elas são muito numerosas e repletas de paralelos históricos. A essência da obra de Sun Tzŭ é resumida desta forma por ele: "Pratique a benevolência e a justiça, mas, por outro lado, faça uso total do artifício e de medidas oportunas". Declarou ainda que, após uma análise, via-se que todos os triunfos e desastres militares dos mil anos que haviam se passado desde a morte de Sun Tzŭ sustentavam e corroboravam, em todos os detalhes, as máximas contidas em seu livro. A acusação um tanto rancorosa de Tu Mu contra Ts'ao Kung já foi considerada em outro lugar.

6. Ch'ên Hao parece ter sido contemporâneo de Tu Mu. Ch'ao Kung-wu diz que foi motivado a escrever um novo comentário sobre Sun Tzŭ porque o de Ts'ao Kung, por um lado, era obscuro e sutil demais, e o de Tu Mu, por outro, prolixo e difuso demais. Ou-yang Hsiu, escrevendo em meados do século XI, nomeia Ts'ao Kung, Tu Mu e Ch'ên Hao os três principais comentaristas sobre Sun Tzŭ, e observa que Ch'ên Hao está constantemente atacando as limitações de Tu Mu. Seu comentário, embora não careça de mérito, deve ser classificado abaixo dos de seus predecessores.

7. Chia Lin é conhecido por ter vivido sob a dinastia T'ang, pois seu comentário sobre Sun Tzŭ é mencionado no *T'ang Shu* e foi posteriormente republicado por Chi Hsieh da mesma dinastia, juntamente com os de Mêng Shih e Tu Yu. É de textura um tanto exígua e, em termos de qualidade, também, talvez o menos valioso dos onze.

8. Mei Yao-ch'ên (1002-1060), comumente conhecido por seu "título" de Mei Shêng-yü, foi, como Tu Mu, um poeta de distinção. Seu comentário foi publicado com um prefácio laudatório pelo grande Ou-yang Hsiu, do qual podemos extrair o seguinte:

> Estudiosos posteriores interpretaram mal Sun Tzŭ, distorcendo suas palavras e tentando adequá-las às suas próprias visões tendenciosas. Com isso, embora não tenham faltado comentaristas, apenas alguns se mostraram à altura da tarefa. Meu amigo Shêng-yü não caiu nesse erro. Ao tentar fornecer um comentário crítico para a obra de Sun Tzŭ, ele não perde de vista o fato de que esses ditos eram destinados a estados envolvidos em guerras de extermínio mútuo; que o autor não está preocupado com as condições militares vigentes sob os soberanos das três dinastias antigas,[44] nem com as nove medidas punitivas prescritas ao Ministro da Guerra.[45] Repetimos, Sun Wu amava a brevidade de discurso, mas seu significado é sempre profundo. Seja o assunto conduzir a marcha de um exército, ou lidar com soldados, ou estimar o inimigo, ou controlar as forças de vitória, tudo é sempre tratado sistematicamente; os ditos são encadeados em sequência lógica rigorosa, embora isso tenha sido obscurecido por comentaristas que provavelmente não conseguiram compreender seu significado. Em seu próprio comentário, Mei Shêng-yü deixou de lado todos os preconceitos obstinados desses críticos e tentou trazer à tona o verdadeiro significado do próprio Sun Tzŭ. Dessa forma, as nuvens de confusão foram dispersadas e os ensinamentos ficaram claros. Estou convencido de que o presente trabalho merece ser transmitido lado a lado com os três grandes comentários; e, pelo

---

[44] O Hsia, o Shang e o Chou. Embora o último mencionado existisse nominalmente na época de Sun Tzŭ, ele dificilmente retinha um vestígio de poder, e a antiga organização militar tinha praticamente desaparecido. Não posso sugerir nenhuma outra explicação para a passagem.

[45] Ver *Chou Li*, XXIX. 6–10.

muito que encontrarão nos ditos, as gerações vindouras terão motivos constantes para agradecer ao meu amigo Shêng-yü.

Que se pese a exuberância da amizade, estou inclinado a endossar esse julgamento favorável e com certeza o colocaria acima de Ch'ên Hao em ordem de mérito.

9. Wang Hsi, também da dinastia Sung, é decididamente original em algumas de suas interpretações, mas muito menos criterioso do que Mei Yao-ch'en e, no geral, não é um guia muito confiável. Ele gosta de comparar o próprio comentário com o de Ts'ao Kung, porém, a comparação não funciona frequentemente a seu favor. Aprendemos com Ch'ao Kung-wu que Wang Hsi revisou o antigo texto de Sun Tzŭ, preenchendo lacunas e corrigindo erros.

10. Ho Yen-hsi da dinastia Sung. O nome de nascimento deste comentarista é dado desta forma por Chêng Qiao no *Tung Chih*, escrito por volta de meados do século XII, mas ele aparece apenas como Ho Shih no *Yü Hai*, e Ma Tuan-lin cita que Ch'ao Kung-wu afirma que seu nome de nascimento é desconhecido. Não parece haver razão para duvidar da declaração de Cheng Qiao, caso contrário, eu teria me inclinado a arriscar um palpite e identificá-lo com Ho Ch'ü-fei, o autor de um pequeno tratado sobre a guerra, que viveu na última parte do século XI. O comentário de Ho Shih, nas palavras do catálogo *T'ien-i-ko*, "contém acréscimos úteis" aqui e ali, mas é notável sobretudo pelos excertos copiosos retirados, em forma adaptada, das histórias dinásticas e de outras fontes.

11. Chang Yü. A lista é concluída com um comentarista, talvez, sem grande originalidade, porém, dotado de admiráveis capacidades de exposição lúcida. Seu comentário é baseado no de Ts'ao Kung, cujas frases concisas ele consegue expandir e desenvolver de forma magistral. Sem Chang Yü, é seguro dizer que muito do comentário de Ts'ao Kung teria permanecido envolto por sua obscuridade imaculada e, portanto, sem valor. Seu trabalho não é mencionado na história de Sung, no *T'ung K'ao* ou no *Yü Hai*, mas encontra um nicho no *T'ung Chih*, que também o nomeia como o autor de *Vidas de generais famosos*.[46]

É bastante notável que os quatro últimos nomeados tenham florescido em tão curto espaço de tempo. Ch'ao Kung-wu explica isso dizendo: "Durante os primeiros anos da dinastia Sung, o Império desfrutou de um longo período de paz, e os homens deixaram de praticar a arte da guerra. Mas quando a rebelião de [Chao] *Yüan-hao* começou [1038-42] e os generais da fronteira foram derrotados repetidas vezes, a Corte fez uma busca árdua por homens habilidosos na guerra, e os tópicos militares se tornaram moda entre todos os altos funcionários. É por essa razão que os comentaristas de Sun Tzŭ em nossa dinastia pertencem principalmente a esse período".

Além desses onze comentaristas, há vários outros cujo trabalho não chegou até nós. O *Sui Shu* menciona quatro, a saber: Wang Ling (frequentemente citado por Tu Yu como Wang Tzŭ); Chang Tzŭ-shang; Chia Hsü de Wei;[47] e Shên Yu de Wu. O *T'ang Shu* acrescenta Sun Hao, e o *T'ung Chih*, Hsiao Chi, enquanto o *T'u Shu* menciona um comentarista Ming, Huang Jun-yü. É possível que alguns deles tenham sido somente colecionadores e editores de outros comentários, como Chi T'ien-pao e Chi Hsieh, mencionados acima.

---

[46] Isto parece ainda existir. Veja "Notas" de Wylie, p. 91 (nova edição).

[47] Uma pessoa notável em sua época. Sua biografia é dada no *San Kuo Chih*, cap. 10.

APRECIAÇÃO DE SUN TZŬ

Sun Tzŭ exerceu um fascínio intenso sobre as mentes de alguns dos maiores homens da China. Entre os generais famosos que são conhecidos por terem estudado suas páginas com entusiasmo podem ser mencionados: Han Hsin (*m.* 196 a.C.),[48] Feng I (*m.* 34 d.C.),[49] Lü Mêng (*m.* 219),[50] e Yo Fei (1103-1141).[51] A opinião de Ts'ao Kung, que disputa com Han Hsin o lugar mais alto nos anais militares chineses, já foi registrada.[52] Ainda mais notável, de certa forma, é o testemunho de homens unicamente literários, como Su Hsün (o pai de Su Tung-p'o), que escreveu vários ensaios sobre tópicos militares, todos os quais devem sua principal inspiração a Sun Tzŭ. A seguinte passagem curta dele está preservada no *Yü Hai*:[53]

> A máxima de Sun Wu, de que na guerra não se pode ter certeza da conquista,[54] é muito diferente do que outros livros afirmam.[55] Wu Ch'i era um homem do mesmo tipo que Sun Wu: ambos escreveram livros sobre a guerra, e eles são ligados na fala popular como "Sun e Wu".

---

[48] *Ver* cap. XI, 59.

[49] *Hou Han Shu* , cap. 17 início.

[50] *San Kuo Chih*, cap. 54, f. 10 *v*° (comentário).

[51] *Sung Shih*, cap. 365 início.

[52] Os poucos europeus que ainda tiveram a oportunidade de se familiarizar com Sun Tzŭ não tardam em seus elogios. A esse respeito, talvez eu possa ser desculpado por citar uma carta de Lord Roberts, a quem as folhas do presente trabalho foram enviadas antes da publicação: "Muitas das máximas de Sun Wu são perfeitamente aplicáveis aos dias atuais, e a nº 11 na página 77 é uma que o povo deste país faria bem em levar a sério."

[53] Cap. 140, f. 13 *r*°.

[54] Ver IV, § 3.

[55] A alusão pode ser a Mêncio VI. 2. ix. 2.

> Mas as observações de Wu Ch'i sobre a guerra são menos importantes, suas regras são mais rústicas e declaradas de forma mais crua, e não há a mesma unidade de planejamento que na obra de Sun Tzŭ, em que o estilo é conciso, mas o significado é plenamente compreendido.

O capítulo 17 contém o seguinte trecho extraído de *Julgamentos Imparciais no Jardim da Literatura* de Chêng Hou:

> Os 13 capítulos de Sun Tzŭ não são apenas o básico e o fundamento do treinamento de todos os militares, mas também exigem a mais cuidadosa atenção de estudiosos e homens letrados. Suas palavras são concisas, porém, elegantes; simples, mas profundas; perspicazes e notavelmente práticas. Obras como o *Lun Yu*, o *I Ching* e o grande *Comentário*,[56] bem como os escritos de Mêncio, Hsun K'uang e Yang Ch'u, todos ficam abaixo do nível de Sun Tzŭ.

Chu Hsi, comentando isso, concorda plenamente com a primeira parte da crítica, embora lhe desagrade a comparação audaciosa com as veneradas obras clássicas. Linguagem como essa, afirma ele, "encoraja a inclinação de um governante para a guerra incessante e o militarismo imprudente".

---

[56] O *Tso Chuan*.

APOLOGIA À GUERRA

Acostumados como estamos a pensar na China como a maior nação amante da paz na Terra, corremos o risco de esquecer que sua experiência de guerra em todas as suas fases também foi tal que nenhum Estado moderno pode igualar. Seus longos anais militares remontam a um ponto em que se perdem nas brumas do tempo. A China construiu a Grande Muralha e manteve um enorme exército permanente ao longo de sua fronteira séculos antes que o primeiro legionário romano fosse visto no Danúbio. Com as colisões perpétuas dos antigos estados feudais, os cruéis conflitos com hunos, turcos e outros invasores após a centralização do governo, as terríveis revoltas que acompanharam a deposição de tantas dinastias, além das inúmeras rebeliões e distúrbios menores que se deflagraram e voltaram a se encerrarem um por um, dificilmente é demais afirmar que o fragor das armas jamais deixou de ressoar em uma parte ou outra do Império.

Não menos notável é a sucessão de capitães ilustres para os quais a China pode apontar com orgulho. Como em todos os países, os maiores têm o costume de emergir nas crises mais fatídicas de sua história. Sendo assim, Po Ch'i se destaca conspícuo no período em que Ch'in estava entrando em seu confronto final contra os estados independentes restantes. Os anos tempestuosos que se seguiram à dissolução da dinastia Ch'in são iluminados pelo gênio transcendente de Han Hsin. Quando a Casa de Han, por sua vez, está cambaleando rumo a sua queda, a grandiosa e funesta figura de Ts'ao Ts'ao domina a cena. E, no estabelecimento da dinastia T'ang, uma das tarefas mais poderosas alcançadas pelo homem, a energia sobre-humana de Li Shih-min (posteriormente, Imperador T'ai Tsung) foi apoiada pela estratégia brilhante de Li Ching. Nenhum desses generais precisa temer a comparação com os maiores nomes da história militar da Europa.

Apesar de tudo isso, o grande corpo da sensibilidade chinesa, de Lao Tzŭ adiante, e em especial como refletido na literatura padrão do confucionismo, tem sido consistentemente pacífico e intensamente oposto ao militarismo de qualquer forma. É algo tão incomum encontrar qualquer um dos literatos defendendo a guerra por princípio, que pensei valer a pena coletar e traduzir algumas passagens nas quais a visão não ortodoxa é mantida. O seguinte, de Ssŭ-ma Ch'ien, mostra que, apesar de toda a sua ardente admiração por Confúcio, ele ainda não era um defensor da paz a qualquer preço:

> Armamentos militares são os meios utilizados pelo Sábio para punir a violência e a crueldade, para conceder paz a tempos difíceis, para remover dificuldades e riscos e para socorrer aqueles que estão em perigo. Todo animal com sangue em suas veias e chifres em sua cabeça lutará quando for atacado. Quanto mais o ser humano, que carrega em seu peito as faculdades do amor e do ódio, da alegria e da raiva! Quando está satisfeito, um sentimento de afeição brota dentro dele; quando está com raiva, seu aguilhão envenenado é posto em uso. Essa é a lei natural que governa seu ser... O que então deve ser dito dos estudiosos de nosso tempo, cegos a todas as grandes questões, e sem qualquer apreciação de valores relativos, que só conseguem latir suas fórmulas obsoletas sobre "virtude" e "civilização", condenando o uso de armamentos militares? Eles sem dúvida levarão nosso país à impotência e à desonra e à perda de sua herança legítima; ou, no mínimo, trarão invasão e rebelião, sacrifício de território e enfraquecimento geral. No entanto, recusam-se obstinadamente a modificar a posição que tomaram. A verdade é que, tal como na família o professor não deve poupar a vara, e as punições não podem ser deixadas de lado pelo Estado, do mesmo modo o castigo militar nunca pode ser deixado de lado no Império. Tudo o que se pode dizer é que esse poder será

exercido sabiamente por alguns, tolamente por outros, e que, entre aqueles que portam armas, alguns serão leais e outros rebeldes.[57]

O próximo trecho foi retirado do prefácio de Tu Mu ao seu comentário sobre Sun Tzǔ:

A guerra pode ser definida como punição, que é uma das funções do governo. Era a profissão de Chung Yu e Jan Qiu, ambos discípulos de Confúcio. Hoje em dia, a realização de julgamentos e audiências de litígios, a prisão de infratores e sua execução por flagelação no mercado, são todos realizados por oficiais. Todavia, o manejo de enormes exércitos, a derrubada de cidades fortificadas, o transporte de mulheres e crianças para o cativeiro e a decapitação de traidores — isso também é trabalho realizado por oficiais. Os objetivos do cavalete de tortura e das armas militares são essencialmente os mesmos. Não há diferença intrínseca entre a punição de flagelação e a decapitação na guerra. Para as infrações da lei menores, com as quais se lida facilmente, apenas uma pequena quantidade de força precisa ser empregada: daí o uso de armas militares e decapitação em massa. Em ambos os casos, no entanto, visa-se eliminar as pessoas más e dar conforto e alívio às boas...

Chi-sun questionou Jan Yu, dizendo: "O senhor adquiriu sua aptidão militar por meio do estudo, ou é inata?". Jan Yu respondeu: "Foi adquirida pelo estudo".[58] "Como é possível", falou Chi-sun, "visto que você é discípulo de Confúcio?". "É um fato", respondeu Jan Yu; "Fui ensinado por Confúcio. É apropriado que o grande Sábio exerça funções civis e militares, embora, com certeza, minha instrução na arte da luta ainda não tenha avançado muito".

Ora, quem foi o autor dessa distinção rígida entre o "civil" e o "militar", e a limitação de cada um a uma esfera separada de ação, ou em que ano de qual dinastia foi primeiro introduzida, é mais do que

---

[57] *Shih Chi*, cap. 25, fol. 1.

[58] Conferir *Shih Chi*, cap. 47, f. 11 *v* °.

posso dizer. Contudo, de qualquer forma, aconteceu que os membros da classe governante têm bastante medo de se estender sobre tópicos militares, ou o fazem apenas de forma envergonhada. Se algum deles é ousado o suficiente para discutir o tema, é imediatamente considerado um indivíduo excêntrico de inclinações grosseiras e brutais. Este é um caso extraordinário em que, por pura falta de raciocínio, os homens infelizmente perdem de vista os princípios fundamentais.

Quando o Duque de Chou era ministro sob Ch'eng Wang, ele regulamentava cerimônias e fazia música, e venerava as artes da erudição e do aprendizado; ainda assim, quando os bárbaros do Rio Huai se revoltaram,[59] ele marchou e os castigou. Quando Confúcio ocupou o cargo sob o Duque de Lu, e uma reunião foi convocada em Chia-ku, declarou ele: "Se negociações pacíficas estão em andamento, preparativos bélicos deveriam ter sido feitos de antemão". Ele repreendeu e humilhou o Marquês de Ch'i, que se encolheu sob ele e não ousou prosseguir à violência. Como se pode falar que esses dois grandes Sábios não tinham conhecimento de assuntos militares?

Vimos que o grande Ch'u Hsi tinha Sun Tzŭ em alta estima. Ele também apela à autoridade dos Clássicos:

> Nosso Mestre Confúcio, respondendo ao duque Ling de Wei, declarou: "Eu nunca estudei assuntos relacionados a exércitos e batalhões".[60] Respondendo a K'ung Wen-tzu, ele afirmou: "Eu não fui instruído sobre casacos de couro e armas".[61] Contudo, se nos voltarmos para a reunião em Chia-ku,[62] descobrimos que ele usou força armada contra os homens de Lai,[63] de modo que o marquês de Ch'i ficou intimidado. Mais uma

---

[59] Ver *Shu Ching*, prefácio § 55.

[60] *Lun Yü*, XV, 1.

[61] *Tso Chuan*, XI, 7.

[62] Ver acima.

[63] *Tso Chuan*, X. 2.

vez, quando os habitantes de Pi se revoltaram; ele ordenou que seus oficiais os atacassem, depois disso, eles foram derrotados e fugiram desordenados.[64] Uma vez ele proferiu as palavras: "Se eu batalho, eu conquisto".[65] E Jan Yu também afirmou: "O Sábio exerce funções civis e militares".[66] Pode ser um fato que Confúcio nunca estudou ou recebeu instrução na arte da guerra? Podemos apenas falar que ele não escolheu especificamente assuntos relacionados a exércitos e batalhas para serem o tema de seus ensinamentos.

Sun Hsing-yen, editor de Sun Tzŭ, escreve em tom semelhante:

Confúcio declarou: "Não sou versado em assuntos militares". Ele também disse: "Se eu batalho, eu conquisto".[67] Confúcio ordenou cerimônias e regulamentou a música. Ora, a guerra constitui uma das cinco classes de cerimônias de Estado, e não deve ser tratada como um ramo independente de estudo. Portanto, as palavras "não sou versado" devem ser compreendidas como querendo dizer que há coisas que nem mesmo um Mestre inspirado sabe. Aqueles que têm que liderar um exército e elaborar estratagemas, devem aprender a arte da guerra. Mas se alguém pode ter sob seu comando os serviços de um bom general como Sun Tzŭ, que foi empregado por Wu Tzŭhsü, não há necessidade de aprender por si mesmo. Daí a observação acrescentada por Confúcio: "Se eu batalho, eu conquisto".

Os homens dos dias atuais, entretanto, interpretam intencionalmente essas palavras de Confúcio em seu sentido mais restrito, como se ele quisesse dizer que livros sobre a arte da guerra não valessem a pena ler. Com persistência cega, eles apontam o exemplo de Chao Kua, que se debruçou sobre os livros de seu pai em vão,[68] como uma

---

[64] *Ibidem.* XII. 5; *Chia Yü* , cap. 1 final.

[65] Não consegui rastrear esta declaração. Veja nota 2 na p.xliii.

[66] Ver acima.

[67] Ver acima.

[68] Ver XIII, 10.

prova de que toda teoria militar é inútil. Mais uma vez, considerando que livros sobre guerra tratam de coisas como oportunismo na elaboração de planos e a conversão de espiões, eles sustentam que a arte é imoral e indigna de um sábio. Essas pessoas ignoram o fato de que os estudos de nossos eruditos e a administração civil de nossos oficiais também exigem aplicação e prática constantes antes que a eficiência seja alcançada. Os antigos eram particularmente cautelosos em permitir que meros novatos prejudicassem seu trabalho.[69] Armas são nocivas[70] e a luta é perigosa e inútil; a menos que um general pratique constantemente, ele não deve arriscar a vida de outros homens em batalha.[71] Portanto, é essencial que os 13 capítulos de Sun Tzǔ sejam estudados.

Hsiang Liang costumava instruir seu sobrinho Chi[72] na arte da guerra. Chi obteve uma ideia aproximada da arte em seus aspectos gerais, mas não prosseguiu em seus estudos até o resultado adequado, fazendo com que ele fosse por fim derrotado e deposto. Ele não entendeu que os truques e artifícios da guerra estão além da computação verbal. O duque Hsiang de Sung[73] e o rei Yen de Hsü[74] foram levados à destruição por sua humanidade imprudente. A natureza traiçoeira e dissimulada da guerra torna necessário o uso de astúcia e estratagema adequados à ocasião. Há um caso registrado do próprio Confúcio violando um juramento extorquido,[75] e também dele deixando o estado de Sung disfarçado.[76] Podemos então acusar imprudentemente Sun Tzǔ de desconsiderar a verdade e a honestidade?

---

[69] Esta é uma alusão bastante obscura a *Tso Chuan*, XXXI. 4, onde Tzǔ-ch'an diz: "Se você tiver um belo pedaço de brocado, não contratará um mero aprendiz para fazê-lo".

[70] Conferir *Tao Tê Ching*, cap. 31.

[71] Sun Hsing-yen poderia ter citado Confúcio novamente. Ver *Lun Yü*, XIII. 29, 30.

[72] Mais conhecido como Hsiang Yü (233–202 a.C.).

[73] O terceiro enumerados em XI, 53. Para o incidente mencionado, veja *Tso Chuan*, XXII. 4.

[74] Ver acima, p. xvi, nota 4.

[75] *Shih Chi*, cap. 47, f. 7 *r*º.

[76] *Ibid.*, cap. 38, f. 8 *v*º.

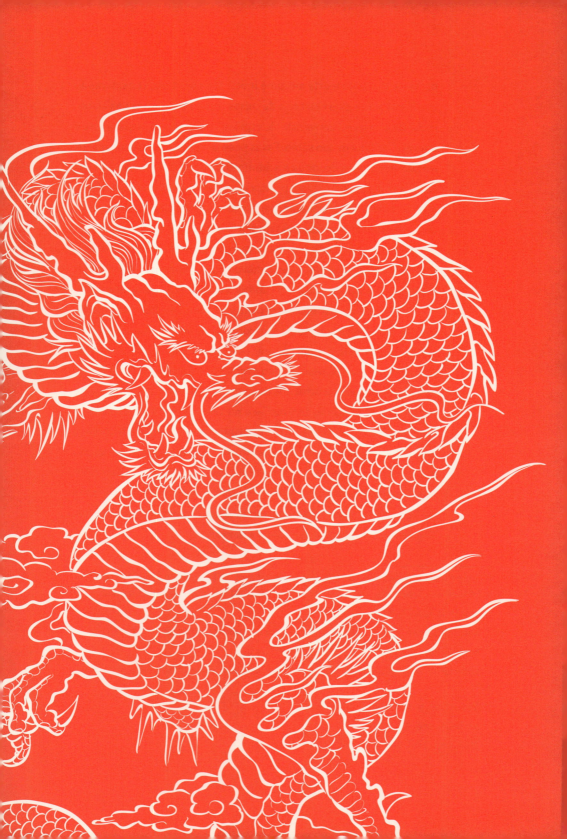

BIBLIOGRAFIA

Os seguintes são os mais antigos tratados chineses sobre guerra, depois de Sun Tzŭ. As notas sobre cada um foram extraídas principalmente do *Ssu k'u ch'uan shu chien ming mu lu*, cap. 9, fol. 22 ss.

1. **Wu Tzŭ**, em 1 *chüan* ou 6 capítulos. Por Wu Ch'i (*m.* 381 a.C.). Uma obra genuína. Ver *Shih Chi*, cap. 65.

2. **Ssŭ-ma Fa**, em 1 *chüan* ou 5 capítulos. Atribuído erroneamente a Ssŭ-ma Jang-chü do século VI a.C. Sua datação, no entanto, deve ser antiga, pois os costumes das três dinastias antigas são constantemente encontrados em suas páginas. Ver *Shih Chi*, cap. 64.

O *Ssu K'u Ch'üan Shu* (cap. 99, f. 1) ressalta que os três tratados mais antigos sobre guerra, *Sun Tzŭ*, *Wu Tzu* e *Ssu-ma Fa*, em termos gerais, tratam apenas de situações estritamente militares — a arte de produzir, coletar, treinar e capacitar tropas, e a teoria correta com relação a medidas de conveniência, elaboração de planos, transporte de mercadorias e tratamento dos soldados — em intenso contraste com obras posteriores, nas quais a ciência da guerra normalmente mistura-se com metafísica, adivinhação e artes mágicas em geral.

3. **Liu T'ao**, em 6 *chüan*, ou 60 capítulos. Atribuído a Lü Wang (ou Lü Shang, também conhecido como T'ai Kung) do século XII a.C.[77] Mas

---

[77] Ver p. XIII, 26. Mais detalhes sobre T'ai Kung podem ser encontrados no *Shih Chi*, cap. 32 início. Além da tradição que o torna um antigo ministro de Chou Hsin, dois

seu estilo não pertence à era das Três Dinastias. Lu Tê-ming (550-625 d.C.) menciona a obra e enumera os títulos das seis partes, de modo que a falsificação não pode ter sido posterior à dinastia Sui.

4. **Wei Liao Tzŭ**, em 5 *chüan*. Atribuído a Wei Liao (século IV a.C.), que estudou com o famoso Kuei-ku Tzŭ. Menciona um livro de Wei Liao em 31 capítulos, enquanto o texto que possuímos contém apenas 24. O material é bastante sólido no geral, embora os dispositivos estratégicos sejam consideravelmente diferentes daqueles do período dos Estados Combatentes. Recebeu um comentário do conhecido filósofo Sung, Chang Tsai.

5. **San Lüeh** em 3 *chüan*. Atribuído a Huang-shih Kung, um personagem lendário que se diz tê-lo concedido a Chang Liang (*m*. 187 a.C.) em uma entrevista em uma ponte. Contudo, mais uma vez, o estilo não é o de obras que datam do período Ch'in ou Han. O Imperador Han Kuang Wu [25-57 d.C.] aparentemente cita-o em uma de suas proclamações; mas a passagem em questão pode ter sido inserida mais tarde a fim de provar a genuinidade da obra. Não estaremos muito errados se o referirmos ao período Sung do Norte [420-478 d.C.], ou um pouco antes.[78]

6. **Li Wei Kung Wên Tui**, em 3 seções. Escrito na forma de um diálogo entre T'ai Tsung e seu grande general Li Ching, em geral, é atribuído a este último. Autoridades competentes o consideram uma falsificação, embora o autor fosse evidentemente bem versado na arte da guerra.[79]

---

outros relatos sobre ele são dados ali, segundo os quais ele parece ter sido criado pela primeira vez em uma humilde posição privada por Wên Wang.

[78] Outra obra que se diz ter sido escrita por Huang-shih Kung, e também incluída na seção militar do Catálogo Imperial, é o *Su Shu* em 1 *chüan*. Um breve tratado ético de teor taoísta, sem nenhuma referência à guerra, é pronunciado como uma falsificação feita por Chang Shang-ying (*m*. 1121), que o editou com comentários. *Notas* de Wylie corrigidas, nova edição, p. 90, e *Catalogue des Livres Chinois* Courant, n.º 5056.

[79] Somos informados que as seis obras acima, juntamente com Sun Tzŭ, foram prescritas para o treinamento militar no período de 1078-85. Ver *Yü Hai*, cap. 140, f. 4 *r*º.

7. **Li Ching Ping Fa** (não confundir com o anterior) é um pequeno tratado em 8 capítulos, preservado no T'ung Tien, mas não publicado separadamente. Este fato explica sua omissão no *Ssu K'u Ch'üan Shu*.

8. **Wu Ch'i Ching**, em 1 *chüan*. Atribuído ao lendário ministro Fêng Hou, com notas exegéticas de Kung-sun Hung da dinastia Han (*m.* 121 a.C.), e que contam ter sido elogiado pelo célebre general Ma Lung (*m.* 300 d.C.). Embora seja uma falsificação, a obra é bem elaborada.

Considerando a alta estima popular em que Chu-ko Liang sempre foi tido, não surpreende encontrar mais de uma obra sobre guerra atribuída à sua autoria. Tais são: (1) o **Shih Liu Ts'ê** (1 *chüan*), preservado no *Yung Lo Ta Tien*; (2) **Chiang Yüan** (1 *chüan*); e (3) **Hsin Shu** (1 *chüan*), que rouba muito de Sun Tzŭ. Nenhum destes têm a menor justificativa para ser considerado genuíno.

A maioria das grandes enciclopédias chinesas contém seções extensas dedicadas à literatura de guerra. As seguintes referências podem ser úteis:

T'ung Tien (cerca de 800 d.C.), cap. 148-162
T'ai P'ing Yü Lan (983), cap. 270-359
Wên Hsien T'ung K'ao (séc. XIII), cap. 221
Yü Hai (séc. XIII), cap. 140, 141
San Ts'ai T'u Hui (séc. XVI)
Kuang Po Wu Chih (1607), cap. 31, 32
Ch'ien Ch'io Lei Shu (1632), cap. 75
Yüan Chien Lei Han (1710), cap. 206-229
Ku Chin *T'u Shu* Chi Ch'êng (1726), seção XXX, esp. cap. 81-90
Hsü Wên Hsien T'ung K'ao (1784), cap. 121-134
Huang Ch'ao Ching Shih Wên Pien (1826), cap. 76, 77

As seções bibliográficas de certas obras históricas também merecem menção:

Ch'ien Han Shu, cap. 30

Sui Shu, cap. 32-35

Chiu T'ang Shu, cap. 46, 47

Hsin T'ang Shu, cap. 57,60

Sung Shih, cap. 202-209

T'ung Chih (por volta de 1150), cap. 68

A estes, naturalmente, deve ser acrescentado o grande *Catálogo da Biblioteca Imperial*:

Ssŭ K'u Ch'üan Shu Tsung Mu T'i Yao (1790), cap. 99, 100

孫子兵法

CAPÍTULO I

TRAÇANDO PLANOS

> Ts'ao Kung, ao definir o significado do chinês para o título deste capítulo, diz que se refere às deliberações no templo escolhido pelo general para seu uso temporário, ou, como deveríamos dizer, em sua tenda. Ver. § 26.

Sun Tzŭ disse:

1. A arte da guerra é de importância vital para o Estado.

2. É uma questão de vida ou morte, um caminho que leva à segurança ou à ruína. Portanto, é um tema a ser investigado, que não pode ser negligenciado de forma alguma.

3. A arte da guerra, portanto, é governada por cinco fatores constantes, a serem considerados nas deliberações, quando se busca determinar as condições existentes no campo.

4. São estes: (1) A Lei Moral; (2) O Céu; (3) A Terra; (4) O Comandante; (5) Método e disciplina.

> Pelo que se segue, parece que por Sun Tzŭ quer dizer um princípio de harmonia, não muito diferente do Tao de Lao Tzŭ em seu aspecto moral. Alguém poderia ser tentado a traduzi-lo por "motivação", caso não fosse considerado um atributo do *governante* no § 13.

5, 6. *A Lei Moral* faz com que o povo esteja em pleno acordo com seu governante, de modo que o seguirão independentemente de suas vidas, sem se deixar intimidar por qualquer perigo.

> Tu Yu cita Wang Tzŭ dizendo: "Sem prática constante, os oficiais ficarão nervosos e indecisos quando se reunirem para a batalha; sem prática constante, o general ficará vacilante e irresoluto quando a crise estiver próxima."

7. *Céu* significa noite e dia, frio e calor, tempos e estações.

> Os comentaristas, penso eu, fazem um mistério desnecessário aqui. Meng Shih define as palavras como "rígido e suave, crescente e minguante" do Céu. Wang Hsi, no entanto, pode estar certo ao afirmar que o que se quer dizer é "a economia geral do Céu", incluindo os cinco elementos, as quatro estações, vento e nuvens, e outros fenômenos.

8. A *Terra* engloba distâncias, grandes e pequenas; perigo e segurança; terreno aberto e passagens estreitas; as chances de vida e morte.

9. *O Comandante* representa as virtudes da sabedoria, sinceridade, benevolência, coragem e rigor.

> As cinco virtudes cardeais dos chineses são: (1) humanidade ou benevolência; (2) retidão de espírito; (3) autorrespeito, autocontrole ou "sentimento apropriado"; (4) sabedoria; (5) sinceridade ou boa-fé. E as duas virtudes militares de "coragem" e "rigor" substituem "retidão de espírito" e "autorrespeito, autocontrole ou 'sentimento adequado'".

10. Por *Método e disciplina* deve-se compreender o comando do exército em suas subdivisões apropriadas, os graus de patente entre os oficiais, a manutenção de estradas pelas quais os suprimentos podem chegar até o exército e o controle das despesas militares.

11. Essas cinco cabeças devem ser familiares a todo general: aquele que as conhece será vitorioso; aquele que as conhece não fracassará.

12. Portanto, em suas deliberações, ao buscar determinar as condições militares, que elas sejam a base de uma comparação, da seguinte forma:

13. (1) Qual dos dois soberanos está imbuído da lei moral?

> Isto é, "está em harmonia com seus súditos". Cf. § 5.

(2) Qual dos dois generais tem maior habilidade?

(3) Com quem residem as vantagens derivadas do Céu e da Terra?

> Ver § § 7, 8

(4) Em qual lado a disciplina é aplicada com mais rigor?

> Tu Mu faz alusão à notável história de Ts'ao Ts'ao (155-220 d.C.), que era um disciplinador tão rigoroso que certa vez, de acordo com os próprios regulamentos severos contra danos a plantações, condenou a si próprio à morte por ter permitido que seu cavalo se desviasse para um campo de trigo! No entanto, em vez de ser decapitado, foi persuadido a satisfazer seu senso de justiça cortando o cabelo. O próprio comentário de Ts'ao Ts'ao sobre a presente passagem é caracteristicamente curto: "quando se estabelece uma lei, cuide para que não seja desobedecida; se for desobedecida, o infrator deve ser condenado à morte."

(5) Qual exército é o mais forte?

> Tanto moral quanto fisicamente. Conforme Mei Yao-ch'en aponta, em tradução livre: *"esprit de corps* e 'grandes batalhões'".

(6) Em qual lado os oficiais e soldados são melhor treinados?

> Tu Yu cita Wang Tzŭ: "Sem prática constante, os oficiais estarão nervosos e indecisos ao se reunirem para a batalha; sem prática constante, o general estará vacilante e irresoluto quando a crise estiver próxima."

(7) Em qual exército há maior constância tanto na recompensa quanto na punição?

> Em qual lado há a certeza mais absoluta de que o mérito será devidamente recompensado e as transgressões sumariamente punidas?

14. Por meio dessas sete considerações, posso prever vitória ou derrota.

15. O general que ouve meu conselho e age de acordo com ele vencerá — que ele seja mantido no comando! O general que não ouve meu conselho nem age de acordo com ele será derrotado — que este seja dispensado!

> A forma deste parágrafo nos lembra que o tratado de Sun Tzŭ foi composto especificamente para o benefício de seu patrono Ho Lü, rei do Estado de Wu.

16. Enquanto se atenta a como meu conselho é proveitoso, valha-se também de quaisquer circunstâncias úteis além das regras comuns.

> Capitão Calthrop comete um erro espantoso nesta frase: "Portanto, com relação ao exposto, considerando que conosco está a vantagem, e os generais concordando, criamos uma situação que promete vitória." A mera lógica deveria tê-lo impedido de escrever tal palavrório borbulhante.

17. Conforme as circunstâncias forem favoráveis, deve-se modificar os planos.

> Sun Tzŭ, como um soldado prático, não terá nada da "teórica livresca". Ele nos adverte aqui para não fixarmos nossa fé em princípios abstratos; "pois", nas palavras de Chang Yü, "enquanto as principais leis da estratégia podem ser declaradas com clareza suficiente para o benefício de todos, é preciso se guiar pelas ações do inimigo na tentativa de garantir uma posição favorável na guerra de verdade". Na véspera da batalha de Waterloo, Lorde Uxbridge, comandando a cavalaria, foi até o Duque de Wellington para saber quais eram seus planos e cálculos para o dia seguinte, porque, como explicou, ele podia de repente encontrar-se comandante em exercício e seria incapaz de elaborar novos planos em um momento crítico. O Duque ouviu em silêncio e então disse: "Quem atacará primeiro amanhã, eu ou Bonaparte?" "Bonaparte", respondeu Lorde Uxbridge. "Bem", continuou o duque, "Bonaparte não me deu nenhuma noção de seus planos; e como meus planos dependerão dos dele, como pode esperar que eu lhe conte quais são os meus?"[80]

18. Toda guerra é baseada em engodo.

> A verdade deste ditado conciso e profundo será atestada por todo soldado. Coronel Henderson nos conta que Wellington, grande em tantas qualidades militares, distinguia-se principalmente pela "habilidade extraordinária com que ocultava seus movimentos e enganava tanto amigos quanto inimigos".

19. Portanto, quando formos capazes de atacar, devemos parecer incapazes; quando usarmos nossas forças, devemos parecer inativos; quando estivermos perto, devemos fazer o inimigo crer que

---

[80] *Words on Wellington*, por Sir W. Fraser.

estamos longe; quando estivermos longe, devemos fazê-lo acreditar que estamos perto.

20. Lance iscas para atrair o inimigo. Finja desordem e esmague-o.

> É bastante notável que todos os comentaristas, exceto Chang Yü, refiram ao inimigo: "Quando ele estiver em desordem, esmague-o." É mais natural supor que Sun Tzŭ ainda esteja ilustrando os usos da dissimulação na guerra.

21. Se ele estiver seguro em todos os pontos, esteja preparado para ele. Se ele for superior em números, fuja dele.

22. Se seu oponente for de temperamento colérico, busque irritá-lo. Finja ser fraco, para que ele se torne arrogante.

> Wang Tzu, citado por Tu Yu, afirma que o bom estrategista brinca com seu adversário como um gato brinca com um rato, primeiro fingindo fraqueza e imobilidade e, então, atacando-o de repente.

23. Se ele estiver descansando, não lhe dê descanso.

> Este é provavelmente o significado, embora Mei Yao-ch'ên faça a observação: "enquanto estamos descansando, espere o inimigo se cansar." O *Yü Lan* traz: "Atraia-o e canse-o." Este também parece ter sido o texto de Ts'ao Kung, a julgar por seu comentário.
>
> Se as forças dele estiverem unidas, separe-as.
>
> Menos plausível é a interpretação favorecida pela maioria dos comentaristas: "Se soberano e súdito estiverem de acordo, provoque desunião entre eles."

24. Ataque-o onde ele não estiver preparado, apareça onde você não é esperado.

25. Esses dispositivos militares, que levam à vitória, não devem ser divulgados de antemão.

26. O general que vence uma batalha faz muitos cálculos em seu templo antes que a batalha seja travada.

> Chang Yü conta que nos tempos antigos era costume que um templo fosse reservado para o uso de um general que estava prestes a entrar em campo, para que ele pudesse elaborar seu plano de batalha.

O general que perde uma batalha faz poucos cálculos de antemão. Portanto, muitos cálculos levam à vitória, e poucos cálculos à derrota; ainda mais nenhum cálculo! É pela atenção a esse ponto que sou capaz de prever quem provavelmente vencerá ou perderá.

CAPÍTULO II

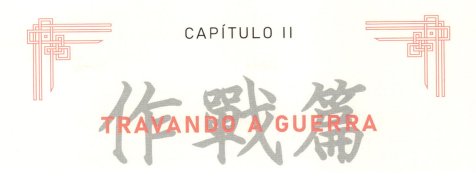

TRAVANDO A GUERRA

Ts'ao Kung tem a seguinte observação: "Aquele que deseja lutar deve primeiro calcular o custo", o que nos prepara para a descoberta de que o tema do capítulo não é o que esperaríamos do título, mas é principalmente uma consideração de vias e meios.

Sun Tzŭ afirmou:

1. Nas operações de guerra, onde há no campo mil carros velozes, outros tantos carros pesados e cem mil soldados vestidos com cotas de malha,

As carruagens velozes possuíam estrutura leve e, de acordo com Chang Yü, eram usados para atacar; as carruagens pesadas eram mais robustas e projetadas para fins de defesa. Li Ch'üan, é verdade, diz que estes últimos eram leves, mas isso parece pouco provável. Capitão Calthrop traduz como "carruagens" e "carroças de suprimentos" respectivamente, mas não é apoiado por nenhum comentarista. É interessante notar as similaridades entre a guerra chinesa antiga e a dos gregos homéricos. Em ambos os casos, o carro de guerra era o fator importante, formando como fazia o núcleo em torno do qual se agrupava um certo número de soldados de infantaria. Com relação aos números fornecidos aqui, somos informados de que cada carro

> veloz era acompanhado por 75 soldados de infantaria, e cada carro pesado por 25 soldados de infantaria, de modo que todo o exército estaria dividido em mil batalhões, cada uma consistindo de dois carros e cem homens.

com provisões suficientes para andarem mil *li*,

> 2,78 *li* modernos equivalem a uma milha. A medida pode ter mudado ligeiramente desde a época de Sun Tzŭ.

as despesas em casa e no fronte, incluindo entretenimento de convidados, pequenos itens como cola e tinta, e valores gastos com carruagens e armaduras, atingirão o total de 29 quilos de prata por dia. Esse é o custo de reunir um exército de cem mil homens.

> Capitão Calthrop acrescenta: "Vocês têm os instrumentos da vitória", o que ele parece entender pelos cinco primeiros caracteres da próxima frase.

2. Quando estiver envolvido na luta de fato, se a vitória demorar a chegar, as armas dos homens ficarão cegas e seu ardor se amortecerá. Caso sitie uma cidade, esgotará suas forças.

3. Mais uma vez, se a campanha for prolongada, os recursos do Estado não serão suficientes para suportar a pressão.

4. Agora, quando suas armas estiverem embotadas, seu ardor amortecido, sua força exaurida e seu tesouro gasto, outros chefes surgirão para tirar vantagem de sua situação extrema. Então, nenhum homem, por mais sábio que seja, será capaz de evitar as consequências que devem ocorrer.

5. Assim, embora tenhamos ouvido falar de pressa estúpida na guerra, a esperteza nunca foi associada a longos atrasos.

Essa frase concisa e difícil não é bem explicada por nenhum dos comentaristas. Ts'ao Kung, Li Ch'üan, Meng Shih, Tu Yu, Tu Mu e Mei Yao-ch'en oferecem notas no sentido de que um general, embora naturalmente tolo, pode, contudo, conquistar por meio da pura força da rapidez. Ho Shih afirma: "A pressa pode ser estúpida, mas de qualquer forma economiza gastos de energia e tesouro; operações demoradas podem ser muito inteligentes, porém, trazem calamidade em seu rastro". Wang Hsi evita a dificuldade comentando: "Operações longas significam envelhecimento do exército, gasto de riquezas, esvaziamento de cofres públicos e angústia entre o povo; a verdadeira inteligência garante a não ocorrência de tais calamidades". Chang Yü declara: "Contando que a vitória possa ser alcançada, a pressa estúpida é preferível à lentidão inteligente". Ora, Sun Tzŭ não fala nada, exceto porventura implicitamente, sobre a pressa não ponderada ser melhor do que operações engenhosas, porém, longas. O que ele de fato diz é algo muito mais cauteloso, a saber, que embora a velocidade possa, às vezes, ser imprudente, a lentidão nunca pode ser nada além de tola — ao menos porque representa empobrecimento para a nação. Capitão Calthrop entrega sua imaginação com o seguinte: "Portanto, é reconhecido que a guerra não pode ter duração muito curta. Mas, embora conduzida com a máxima arte, se for longa e contínua, os infortúnios sempre aparecem". Ao considerar o ponto levantado aqui por Sun Tzŭ, o exemplo clássico de Fabius Cunctator inevitavelmente será lembrado. Esse general mediu deliberadamente a resistência de Roma contra a do exército isolado de Aníbal, porque lhe parecia que este último estava mais propenso a sofrer com uma longa campanha em terreno desconhecido. Mas é uma questão bastante discutível se suas táticas teriam se mostrado bem-sucedidas a longo prazo. Sua reversão, é verdade, levou a Cannae; mas isso apenas estabelece uma pressuposição negativa a seu favor.

6. Não há nenhum caso em que um país tenha se beneficiado de uma guerra prolongada.

7. Somente aquele que conhece profundamente os males da guerra pode entender por completo a maneira lucrativa de conduzi-la.

> Isto é, com rapidez. Somente alguém que conhece os efeitos desastrosos de uma guerra prolongada pode compreender a suprema importância da rapidez em concluí-la. Apenas dois comentaristas parecem favorecer esta interpretação, porém, ela se encaixa bem na lógica do contexto, enquanto a interpretação: "Aquele que não conhece os males da guerra não pode apreciar seus benefícios" é marcadamente inútil.

8. O soldado habilidoso não manda recolher um segundo imposto, nem carregar suas carroças de suprimentos mais de duas vezes.

> Uma vez declarada a guerra, ele não desperdiçará tempo precioso esperando reforços, nem retornará seu exército para buscar mais suprimentos, mas cruzará a fronteira inimiga sem demora. Esta pode parecer uma política audaciosa de se recomendar, mas com todos os grandes estrategistas, de Júlio César a Napoleão Bonaparte, o valor do tempo — isto é, estar um pouco à frente de seu oponente — contou mais do que a superioridade numérica ou os melhores cálculos com relação ao comissariado.

9. Traga materiais de guerra consigo de casa, mas procure alimento do inimigo. Desse modo, o exército terá comida suficiente para suas necessidades.

> A palavra traduzida aqui como "materias de guerra," no sentido mais amplo. Inclui todos os equipamento de um exército, além de provisões.

10. A pobreza dos cofres públicos faz com que um exército seja mantido por contribuições a distância. Contribuir para manter um exército a distância faz com que o povo fique empobrecido.

> O início desta frase não se equilibra bem com a seguinte, embora obviamente tenha a intenção de fazê-lo. O arranjo, além disso, é tão estranho que não posso deixar de suspeitar de alguma corrupção no texto. Nunca parece ocorrer aos comentaristas chineses que uma emenda pode ser necessária para que faça sentido, e não obtemos ajuda deles nisso. Sun Tzŭ diz que a causa do empobrecimento do povo está claro, portanto, que se refere a algum sistema pelo qual os lavradores enviavam suas contribuições de milho diretamente para o exército. Mas por que deveria caber a eles manter um exército dessa forma, a não ser que o Estado ou Governo seja pobre demais para fazê-lo?

11. Por outro lado, a proximidade de um exército faz com que os preços subam; e preços altos fazem com que os recursos das pessoas sejam drenados.

> Wang Hsi diz que preços altos ocorrem antes que o exército tenha deixado seu próprio território. Ts'ao Kung entende que se trata de um exército que já cruzou a fronteira.

12. Quando seus recursos são drenados, o campesinato é afligido por pesadas extorsões.

13, 14. Com essa perda de substância e exaustão de forças, as casas do povo ficarão vazias e três décimos de suas rendas serão dissipadas;

> Tu Mu e Wang Hsi dizem: o povo não é destituído de três décimos, mas de sete décimos, de sua renda. Contudo, isso dificilmente pode ser extraído de nosso texto. Ho Shih tem um comentário característico: "O *povo* sendo considerado a parte essencial do Estado, e a *comida* como

> o paraíso do povo, não é certo que aqueles em posição de autoridade valorizem e cuidem de ambos?".

enquanto as despesas do governo com carruagens quebradas, cavalos exaustos, peitorais e capacetes, arcos e flechas, lanças e escudos, manteletes de proteção, bois de tração e carroças pesadas, chegarão a quatro décimos de sua receita total.

15. Por isso, um general sábio faz questão de pegar alimento do inimigo. Uma carroça carregada, de provisões do inimigo é equivalente a vinte das suas próprias, e da mesma forma, um único *picul* de suas provisões equivale a vinte de seus próprios estoques.

> Porque vinte carroças serão consumidas no processo de transporte de uma carroça até o fronte. Um *picul* é unidade de medida em literalmente, "talos de feijão e palha". Um *picul* é o equivalente a 65,5kg.

16. Bem, para matar o inimigo, nossos homens devem ter sua ira despertada; para que seja vantajoso derrotar o inimigo, eles devem receber suas recompensas.

> Tu Mu declara: "Recompensas são necessárias para fazer com que os soldados vejam vantagem em derrotar o inimigo; portanto, quando se obtém despojos do inimigo, eles devem ser usados como recompensas, para que todos os homens tenham um forte desejo de lutar, cada um por conta própria".

17. Portanto, no confronto de carros, quando dez ou mais bigas forem tomadas, essas devem ser dadas em recompensa para quem tomou a primeira. Nossas próprias bandeiras devem substituir as do inimigo, e os carros devem ser misturados e usados em conjunto dos nossos. Os soldados capturados devem ser tratados e mantidos com bondade.

18. Isso é chamado de usar o inimigo conquistado para aumentar a própria força.

19. Na guerra, portanto, que seu grande objetivo seja a vitória, não campanhas longas.

> Como Ho Shih observa: "Soldados não devem ser usados como brinquedos. A guerra não é uma brincadeira". Sun Tzŭ reitera aqui a principal lição que este capítulo pretende reforçar.

20. Assim, pode-se saber que o comandante dos exércitos é o árbitro do destino do povo, o homem de quem depende se a nação estará em paz ou em perigo.

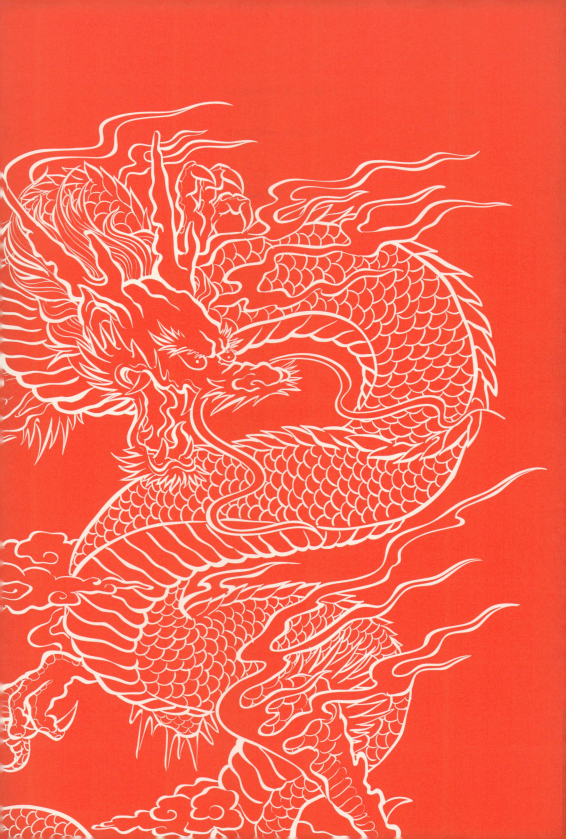

CAPÍTULO III

ATAQUE ESTRATÉGICO

Sun Tzŭ declarou:

1. Na arte prática da guerra, a melhor coisa é tomar o país inimigo inteiro e intacto; despedaçá-lo e destruí-lo não é tão bom. Da mesma forma, também é melhor capturar um exército inteiro do que destruí-lo, capturar um regimento, um destacamento ou uma companhia inteira do que destruí-los.

> Uma "companhia de exército", conforme o *Ssŭ-ma Fa*, consistia teoricamente de 12500 homens; de acordo com Ts'ao Kung, continha 500 homens, o equivalente a um destacamento consistia em qualquer número entre 100 e 500, e o equivalente a uma companhia contém de 5 a 100 homens. Para os dois últimos, no entanto, Chang Yü informa os números exatos de 100 e 5, respectivamente.

2. Portanto, lutar e vencer em todas as suas batalhas não é a excelência suprema; a excelência suprema consiste em quebrar a resistência do inimigo sem lutar.

> Aqui mais uma vez, nenhum estrategista moderno deixará de aprovar as palavras do velho general chinês. O maior triunfo de Moltke,

a rendição do enorme exército francês em Sedan, foi conquistada praticamente sem derramamento de sangue.

3. Portanto, a forma mais elevada de comando é frustrar os planos do inimigo;

> Talvez a palavra "frustrar" não seja capaz de expressar a força total da palavra chinesa, que implica não uma atitude de defesa, pela qual alguém pode se contentar em frustrar os estratagemas do inimigo um após o outro, mas uma política ativa de contra-ataque. Ho Shih deixa isso muito claro em seu comentário: "Quando o inimigo faz um plano de ataque contra nós, devemos antecipá-lo, realizando nosso próprio ataque primeiro".

a segunda melhor é impedir o ajuntamento das forças inimigas;

> Isolando-o de seus aliados. Não devemos esquecer que Sun Tzŭ, ao falar de hostilidades, sempre tem em mente os numerosos estados ou principados nos quais a China de sua época era dividida.

a seguinte é atacar o exército inimigo no campo;

> Quando ele já está com força total.

e a pior política de todas é sitiar cidades muradas.
4. A regra é não sitiar cidades muradas caso seja possível evitá-lo.

> Outra teoria militar sensata. Se os Boers tivessem agido em 1899 e se abstido de dissipar suas forças diante de Kimberley, Mafeking ou mesmo Ladysmith, é mais do que provável que teriam dominado a situação antes que os britânicos estivessem preparados para se opor seriamente a eles.

A preparação de manteletes, abrigos móveis e vários instrumentos de guerra levará três meses inteiros;

> Não está muito claro o que a palavra aqui traduzida como "manteletes" descrevia. Ts'ao Kung apenas os define como "grandes escudos", mas temos uma ideia melhor deles com Li Ch'üan, que explica que serviam para proteger as cabeças daqueles que estavam atacando as muralhas da cidade de perto. Isso parece sugerir uma espécie de *testudo* romano, pré-fabricado. Tu Mu diz que eram veículos com rodas utilizados para repelir ataques, mas isso é negado por Ch'ên Hao. Ver acima, II, 14. O nome também é usado para torres nas muralhas das cidades. Dos (*fên yün*), recebemos uma descrição bastante clara de vários comentaristas. Eram estruturas de madeira à prova de projéteis sobre quatro rodas, impulsionadas por dentro, cobertas com couro cru e utilizadas em cercos para transportar grupos de homens indo e voltando das muralhas, com o propósito de encher o fosso circundante com terra. Tu Mu acrescenta que agora são denominados "burros de madeira".

e o empilhamento de montes contra os muros levará mais três meses.

> Eram grandes montes ou fortificações de terra erguidos até o nível das muralhas inimigas, para descobrir os pontos fracos da defesa e também para destruir as torres fortificadas mencionadas na nota anterior.

5. O general, incapaz de controlar sua irritação, lançará seus homens ao ataque como formigas enxameando,

> Essa vívida símile, que, como diz Ts'ao Kung, é tirada do espetáculo de um exército de formigas escalando uma parede. O sentido é que o general, perdendo a paciência com a longa demora, pode fazer uma

> tentativa prematura de invadir o local antes que suas máquinas de guerra estejam prontas.

resultando na morte de um terço de seus homens, enquanto a cidade ainda permanece intocada. Tais são os efeitos desastrosos de um cerco.

> Somos lembrados das terríveis perdas dos japoneses em Port Arthur, no cerco mais recente que a história tem a registrar.

6. Portanto, o líder hábil subjuga as tropas inimigas sem qualquer luta; ele captura suas cidades sem sitiá-las; ele derruba seu reino sem longas operações no campo.

> Chia Lin observa que ele apenas derruba o Governo, mas não causa danos a indivíduos. O exemplo clássico é Wu Wang, que, após ter posto fim à dinastia Yin, foi aclamado "Pai e mãe do povo".

7. Com suas forças intactas, ele disputará o domínio do Império e, assim, sem perder um homem, seu triunfo será completo.

> Devido ao duplo sentido do texto original, a última parte da frase é suscetível a um significado bem diferente: "E, assim, a arma não tendo sido embotada pelo uso, sua afiação permanece perfeita".

Este é o método de ataque por estratagema.

8. É regra na guerra, se nossas forças forem de dez para um do inimigo, cercá-lo; se forem de cinco para um, atacá-lo;

> Imediatamente, sem esperar por qualquer outra vantagem.

se for duas vezes maior, dividir nosso exército em dois.

Tu Mu se opõe ao ditado; e à primeira vista, de fato, parece violar um princípio fundamental da guerra. Ts'ao Kung, entretanto, dá uma pista do que Sun Tzŭ queria dizer: "Sendo dois para um do inimigo, podemos usar uma parte de nosso exército da maneira comum, e a outra para alguma distração especial". Chang Yü assim elucida ainda mais o ponto: "Se nossas forças forem duas vezes mais numerosas que as do inimigo, devem ser separadas em duas divisões, uma para enfrentar o inimigo de frente e uma para se abater sobre sua retaguarda; caso ele responda ao ataque frontal, poderá ser esmagado por trás; se reagir ao ataque pela retaguarda, poderá ser esmagado pela frente". É isso que significa dizer que "uma parte pode ser usada da maneira comum, e a outra para alguma distração especial". Tu Mu não entende que dividir o exército de alguém é simplesmente incomum, assim como concentrá-lo é o método comum e estratégico, e ele é muito precipitado em chamar isso de erro.

9. Se estivermos em pé de igualdade, podemos entrar em batalha;

Li Ch'üan, seguido por Ho Shih, oferece a seguinte paráfrase: "Se os atacantes e os atacados forem igual em força, somente o general capaz lutará".

se formos ligeiramente inferiores em número, podemos evitar o inimigo;

O sentido, "podemos *vigiar* o inimigo," é com certeza uma grande melhoria em relação ao texto; mas infelizmente não parece haver uma autoridade muito boa para a variante. Chang Yü nos lembra que o ditado só se aplica se os outros fatores forem iguais; uma pequena diferença em números é com frequência mais do que compensada por energia e disciplina superiores.

se formos bastante desiguais em todos os sentidos, podemos fugir dele.

10. Portanto, embora uma batalha obstinada possa ser travada por uma força pequena, no fim das contas ela vai ser capturada por uma força maior.

11. Ora, o general é o baluarte do Estado: se o baluarte estiver completo em todos os pontos, o Estado será forte; se o baluarte estiver defeituoso, o Estado será fraco.

> "Como diz Li Ch'uan concisamente, lacuna indica deficiência; se a habilidade do general não for perfeita (ou seja, se ele não for completamente versado em sua profissão), seu exército não terá força".

12. Há três maneiras pelas quais um governante pode trazer infortúnio ao seu exército:

13. (1) Comandar o exército para avançar ou recuar, ignorando o fato de que ele não pode obedecer. Isso é chamado de acorrentar o exército.

> Li Ch'üan acrescenta o comentário: "É como amarrar as pernas de um puro-sangue, de modo que ele não consiga galopar". Alguém naturalmente pensaria no "governante" nesta passagem como estando em casa e tentando dirigir os movimentos de seu exército a distância. Contudo, os comentaristas entendem exatamente o contrário e citam o ditado de T'ai Kung: "Um reino não deve ser governado de fora, e o exército não deve ser dirigido de dentro". Claro que é verdade que, durante um combate, ou quando em contato próximo com o inimigo, o general não deve estar no meio de suas próprias tropas, mas a uma pequena distância. Caso contrário, estará suscetível a julgar mal a posição como um todo e a dar ordens erradas.

14. (2) Ao tentar governar um exército da mesma forma que administra um reino, ignorando as condições que se dispõe em um exército. Isso causa inquietação nas mentes dos soldados.

> A observação de Ts'ao Kung é: "A esfera militar e a esfera civil são totalmente distintas; não se pode lidar com um exército com luvas de pelica". E Chang Yü afirma: "Humanidade e justiça são os princípios pelos quais se governa um estado, mas não um exército; oportunismo e flexibilidade, por outro lado, são virtudes militares e não civis para se incorporar ao governo de um exército" — em vez de ao de um Estado, entende-se.

15. (3) Ao empregar os oficiais de seu exército sem distinção,

> Isto é, ele não tem o cuidado de usar o homem certo na posição certa.

por ignorar o princípio militar de adaptação às circunstâncias. Isso abala a confiança dos soldados.

> Sigo Mei Yao-ch'en neste ponto. Os outros comentaristas não se referem ao governante, como em § § 13, 14, mas aos oficiais que ele emprega. Por isso, Tu Yu declara: "Se um general ignora o princípio da adaptabilidade, não lhe deve ser confiada uma posição de autoridade". Tu Mu cita: "O empregador habilidoso de homens empregará o homem sábio, o homem corajoso, o homem ambicioso e o homem tolo. Pois o homem sábio se deleita em provar seu mérito, o homem corajoso gosta de demonstrar sua bravura em ação, o homem ambicioso é rapidamente aproveita vantagens e o homem tolo não teme a morte".

16. Todavia, quando o exército está inquieto e desconfiado, problemas com certeza virão dos outros príncipes feudais. Isso simplesmente traz anarquia para dentro do exército e joga a vitória fora.

17. Desse modo, sabemos que há cinco elementos essenciais para a vitória:

(1) Vencerá aquele que sabe quando lutar e quando não lutar.

> Chang Yü afirma: "Se ele pode de lutar, avança e assume a ofensiva; se não pode lutar, recua e permanece na defensiva. Invariavelmente, aquele que sabe se é certo assumir a ofensiva ou a defensiva sairá vitorioso".

(2) Vencerá aquele que souber manejar tanto as forças superiores quanto as inferiores.

> Isto não se refere somente à habilidade de o general estimar números corretamente, como Li Ch'üan e outros entendem. Chang Yü explica a máxima de forma mais satisfatória: "Ao aplicar a arte da guerra, é possível com uma força menor derrotar uma maior, e *vice-versa*. O segredo está em estar atento à localidade e em não deixar o momento certo escapar. Assim, diz Wu Tzu: 'Com uma força superior, busque terreno fácil; com uma inferior, busque terreno difícil'".

(3) Vencerá aquele cujo exército for movido pelo mesmo espírito em todas as suas fileiras.

(4) Vencerá aquele que, estando preparado, aguarda para pegar o inimigo desprevenido.

(5) Vencerá aquele que tiver capacidade militar e não sofrer interferência do soberano.

> Tu Yu cita Wang Tzu: "É função do soberano dar instruções gerais, mas decidir sobre a batalha é função do general". É desnecessário discorrer sobre os desastres militares que causados por interferência indevida nas operações de campo por parte do governo local. Napoleão, sem dúvida, deveu muito de seu sucesso extraordinário ao fato de não ter sido prejudicado pela autoridade central.

A vitória está no conhecimento desses cinco pontos.

> Literalmente: "Estes cinco pontos são o conhecimento do princípio da vitória".

18. Daí o ditado: Se você conhece o inimigo e conhece a si mesmo, não precisa temer o resultado de cem batalhas. Se conhece a si mesmo, mas não o inimigo, para cada vitória conquistada, também sofrerá uma derrota.

> Li Ch'üan cita o caso de Fu Chien, príncipe de Ch'in, que em 383 d.C. marchou com um vasto exército contra o imperador Chin. Quando aconselhado a não desprezar um inimigo que podia comandar os serviços de homens como Hsieh An e Huan Ch'ung, respondeu ele, orgulhoso: "Tenho a população de oito províncias às minhas costas, infantaria e cavaleiros totalizado um milhão; ora, eles poderiam represar o próprio rio Yangtze apenas atirando seus chicotes na água. Que perigo tenho a temer?". No entanto, suas forças foram logo depois desastrosamente derrotadas no rio Fei, e ele foi obrigado a bater em retirada apressada.

Se você não conhece nem o inimigo nem a si mesmo, sucumbirá em todas as batalhas.

> Chang Yü oferece o melhor comentário: "fazem referência a ataque e defesa: conhecer o inimigo lhe permite assumir a ofensiva, conhecer a si mesmo lhe permite ficar na defensiva". Ele acrescenta: "O ataque é o segredo da defesa; a defesa é o planejamento de um ataque". Seria difícil encontrar uma síntese melhor do princípio básico da guerra.

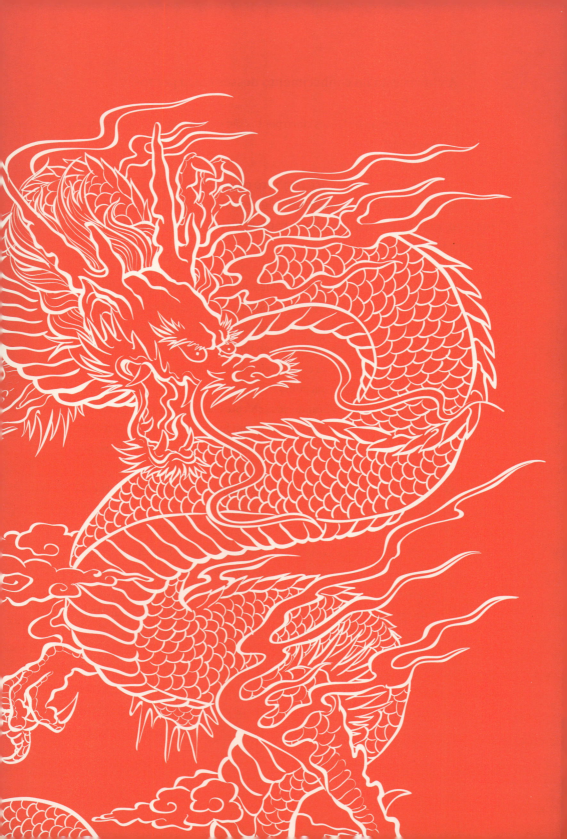

CAPÍTULO IV

DISPOSIÇÕES TÁTICAS

> Ts'ao Kung explica os significados das palavras para este título como: "marcha e contramarcha da parte dos dois exércitos com a intenção de descobrir as condições um do outro". Tu Mu informa: "É por meio das disposições de um exército que sua condição pode ser descoberta. Oculte suas disposições, e sua condição permanecerá secreta, o que conduz à vitória; revele suas disposições, e sua condição se tornará evidente, o que conduz à derrota". Wang Hsi observa que o bom general consegue "garantir o sucesso modificando suas táticas para enfrentar as do inimigo".

Sun Tzŭ declarou:

1. Os bons guerreiros de antigamente primeiro se colocavam além da possibilidade de derrota e, então, aguardavam uma oportunidade de derrotar o inimigo.

2. Está em nossas mãos nos protegermos contra a derrota, porém, a oportunidade de derrotar o inimigo é fornecida pelo próprio inimigo.

> Isto, é claro, por um erro da parte dele.

3. Dessa forma, o bom lutador é capaz de se proteger contra a derrota,

> Chang Yü diz: "Ocultando a disposição de suas tropas, encobrindo seus rastros e tomando precauções incessantes".

mas não pode garantir que vai derrotar o inimigo.

4. Daí o ditado: É possível *saber* como conquistar sem ser capaz de *fazê-lo*.

5. Segurança contra a derrota implica em táticas defensivas; capacidade de derrotar o inimigo significa tomar a ofensiva.

> Mantenho o sentido que indubitavelmente carrega em § § 1-3, apesar dos comentaristas estarem todos contra mim. O significado que eles dão: "Aquele que não é capaz de conquistar toma a defensiva", é plausível o suficiente.

6. Ficar na defensiva indica força insuficiente; atacar, uma superabundância de força.

7. O general que é hábil na defesa esconde-se nos recantos mais secretos da terra;

> Literalmente, "esconde-se sob a nona terra", o que é uma metáfora que indica o máximo de sigilo e ocultação, para que o inimigo não conheça seu paradeiro".

aquele que é hábil no ataque fulgura das alturas mais elevadas do céu.

> Outra metáfora, implicando que ele desaba sobre seu adversário como um raio, contra o qual não há tempo para se preparar. Esta é a opinião da maioria dos comentaristas.

Portanto, por um lado, temos a capacidade de nos proteger; por outro, uma vitória absoluta.

8. Enxergar a vitória apenas quando ela está ao alcance da visão das pessoas comuns não é o ápice da excelência.

> Conforme observa Ts'ao Kung: "a questão é ver a planta antes que ela germine", prever o evento antes que a ação tenha começado. Li Ch'üan faz alusão à história de Han Hsin que, quando estava prestes a atacar o exército imensamente superior de Chao, que estava fortemente entrincheirado na cidade de Ch'eng-an, falou para seus oficiais: "Senhores, vamos aniquilar o inimigo e nos reencontraremos no jantar". Os oficiais mal levaram suas palavras a sério e assentiram de modo bastante duvidoso. Mas Han Hsin já havia elaborado em sua mente os detalhes de um estratagema inteligente, pelo qual, conforme previu, foi capaz de capturar a cidade e infligir uma derrota esmagadora ao seu adversário".

9. Também não é o ápice da excelência caso se lute e conquiste e todo o Império diga: "Muito bem!".

> A verdadeira excelência é, como diz Tu Mu: "Planejar em segredo, fazer movimentações sorrateiras, frustrar as intenções do inimigo e atrapalhar seus esquemas, para que por fim o dia possa ser vencido sem que seja derramada uma gota de sangue". Sun Tzŭ reserva sua aprovação para coisas que
> "o polegar e o dedo brutos
> do mundo não conseguem examinar."

10. Levantar um fio de pelo de outono não é sinal de grande força;

> "Cabelo de outono" é explicado como sendo a pelagem de uma lebre, que é mais fina no outono, quando começa a crescer de novo. A frase é muito comum entre escritores chineses.

ver o sol e a lua não é sinal de visão aguçada; ouvir o ruído do trovão não é sinal de ouvido veloz.

> Ho Shih dá exemplos reais de força, visão aguçada e audição veloz: Wu Huo, que conseguia levantar um tripé pesando 1600 quilogramas; Li Ch'u, que a uma distância de cem passos conseguia ver objetos que não eram maiores que uma semente de mostarda; e Shih K'uang, um músico cego que conseguia ouvir os passos de um mosquito.

11. O que os antigos chamavam de lutador inteligente é aquele que não apenas vence, mas se destaca em vencer com facilidade.

> A segunda metade literalmente quer dizer: "aquele que, conquistando, se destaca na conquista fácil". Mei Yao-ch'en declara: "Aquele que só vê o óbvio vence suas batalhas com dificuldade; aquele que olha abaixo da superfície das coisas vence com facilidade".

12. Portanto, suas vitórias não lhe trazem reputação de sabedoria nem crédito de coragem.

> Tu Mu explica isso muito bem: "Considerando que suas vitórias são conquistadas em circunstâncias que não vieram à tona, o restante do mundo nada sabe sobre elas, e ele não ganha nenhuma reputação de sabedoria; uma vez que o estado hostil se rende antes que haja qualquer derramamento de sangue, ele não recebe nenhum crédito por coragem".

13. Ele vence suas batalhas por não cometer erros.

> Ch'ên Hao diz: "Ele não planeja marchas supérfluas, ele não inventa ataques fúteis". A conexão de ideias é assim explicada por Chang Yü: "Aquele que busca conquistar pela força bruta, por mais que seja esperto para vencer batalhas campais, também está sujeito a ser derrotado ocasionalmente; enquanto aquele que é capaz de olhar para o futuro e discernir condições que ainda não se manifestaram nunca cometerá um erro e, portanto, sempre vencerá".

Não cometer erros é o que estabelece a certeza da vitória, pois significa vencer um inimigo que já foi derrotado.

14. Portanto, o guerreiro habilidoso se coloca em uma posição que torne a derrota impossível e não perde o momento de derrotar o inimigo.

> Um "conselho de perfeição" como Tu Mu em verdade observa. "Posição" não precisa ser confinada ao terreno real ocupado pelas tropas. Inclui todos os arranjos e preparações que um general sábio fará para aumentar a segurança de seu exército.

15. Desse modo, na guerra, o estrategista vitorioso busca apenas a batalha depois que a vitória foi conquistada, enquanto aquele que está destinado à derrota primeiro luta e depois busca a vitória.

> Ho Shih explica o paradoxo: "Na guerra, primeiro trace planos que garantam a vitória e em seguida lidere seu exército para a batalha; se não começar com estratégias, mas confiar apenas na força bruta, a vitória não estará mais garantida".

16. O líder ideal cultiva a lei moral e adere com rigor ao método e à disciplina; portanto, está em seu poder controlar o sucesso.

17. Em relação ao método militar, temos, em primeiro lugar: Medição; em segundo: Estimativa de quantidade; em terceiro lugar: Cálculo; em quarto: Equilíbrio de oportunidades; em quinto lugar: Vitória.

18. A medição deve sua existência à Terra; a Estimativa de quantidade à Medição; o Cálculo à Estimativa de quantidade; o Equilíbrio de oportunidades ao Cálculo; e a Vitória ao Equilíbrio das oportunidades.

> Não é fácil distinguir os quatro termos com muita clareza. O primeiro parece ser prospecção e medição do solo, que nos permite gerar uma estimativa da força do inimigo e fazer cálculos baseados nos dados assim obtidos; somos, então, levados a uma avaliação ou comparação geral entre as chances do inimigo e as nossas; caso o último desequilibre a balança, então, a vitória acontece. A principal dificuldade está no terceiro termo, que em chinês alguns comentaristas consideram como um cálculo de números.

19. Um exército vitorioso em oposição a um derrotado é como um peso de 500 gramas colocado na balança contra um único grão.

> Literalmente, "um exército vitorioso é como um *i* (500 gramas) pesado contra um *shu* (300 gramas); um exército derrotado é um *shu* pesado contra um *i*". O ponto é apenas a enorme vantagem que uma força disciplinada, entusiasmada com a vitória, tem sobre uma desmoralizada pela derrota. Legge, em sua observação sobre Mêncio, I. 2. ix. 2, aponta que o *i* é 680 gramas, e corrige a declaração de Ch'u Hsi de que equivalia a apenas 500 gramas. Mas Li Ch'üan da dinastia T'ang aqui traz o mesmo número que Ch'u Hsi.

20. A investida de uma força conquistadora é como o romper de águas acumuladas em um abismo de mil quilômetros de profundidade. E isso é tudo sobre disposições táticas.

CAPÍTULO V

ENERGIA

Sun Tzŭ disse:

1. O controle de uma grande força é o mesmo princípio do controle de poucos homens: é apenas uma questão de dividir seus números.

> Quer dizer, dividir o exército em regimentos, companhias, e assim por diante, com oficiais subordinados no comando de cada um. Tu Mu lembra a famosa resposta de Han Hsin ao primeiro Imperador Han, que uma vez lhe perguntou: "Qual é o tamanho do exército que você acredita que eu seria capaz de liderar?" "Não mais do que 100 mil homens, Vossa Majestade" "E você?" perguntou o Imperador. "Ora!", respondeu ele, "quanto mais, melhor".

2. Lutar com um grande exército sob seu comando não é diferente de lutar com um pequeno: é apenas uma questão de instituir sinais e sinalizações.

3. Garantir que todo o seu exército consiga suportar o impacto do ataque inimigo e permanecer inabalável; isto é feito por meio de manobras diretas e indiretas.

> Agora chegamos a uma das partes mais interessantes do tratado de Sun Tzŭ, a discussão desses dois termos. Como não é de forma alguma

fácil compreender o significado completo desses dois termos, ou traduzi-los consistentemente por bons equivalentes em outro idioma; pode ser melhor listar algumas das observações dos comentaristas sobre o assunto antes de prosseguir. Li Ch'üan: "Enfrentar o inimigo é *cheng*, causar distrações laterais é *ch'i*". Chia Lin: "Na presença do inimigo, suas tropas devem ser organizadas da maneira normal, mas para garantir a vitória, manobras anormais devem ser empregadas". Mei Yao-ch'en: "*Ch'i* é ativo, *cheng* é passivo; passividade significa esperar por uma oportunidade, a atividade traz a vitória em si". Ho Shih: "Devemos fazer com que o inimigo considere nosso ataque direto como tendo sido secretamente projetado, e vice-versa; desse modo, *cheng* também pode ser *ch'i*, e *ch'i* também pode ser *cheng*". Ele exemplifica com a famosa façanha de Han Hsin, que, ao marchar ostensivamente contra Lin-chin (agora Chao-i em Shensi), repentinamente, lançou uma grande força através do Rio Amarelo em tinas de madeira, desconcertando por completo seu oponente. (*Qien Han Shu*, cap. 3.) Aqui, somos informados, que a marcha sobre Lin-chin foi *cheng*, e a manobra surpresa foi *ch'i* Chang Yü dá o seguinte resumo de opiniões sobre as palavras: "Escritores militares não estão em concordância com relação ao significado de *ch'i* e *cheng*. Wei Liao Tzu (século IV a.C.) afirma: 'A guerra direta favorece ataques frontais, a guerra indireta ataques pela retaguarda'. Ts'ao Kung declara: 'Ir direto para a batalha é uma operação direta; aparecer na retaguarda do inimigo é uma manobra indireta'. Li Wei-kung (séculos VI e VII d.C.) diz: 'Na guerra, marchar em linha reta é *cheng*; movimentos curvos, por outro lado, são *ch'i*'. Esses escritores somente consideram *cheng* como *cheng* e *ch'i* como *ch'i*; eles não informam que os dois são mutuamente intercambiáveis e vão ao encontro um do outro como os dois lados de um círculo (ver abaixo, § 11). Um comentário sobre o imperador T'ang T'ai Tsung chega à raiz da questão: 'Uma manobra *ch'i* pode ser *cheng*, se fizermos o inimigo vê-la como *cheng*; então, nosso verdadeiro ataque será *ch'i*, e vice-versa. O segredo está em confundir o inimigo, para que ele não consiga entender nossa verdadeira intenção'". Para colocar isso talvez de uma forma um pouco mais clara: qualquer ataque ou outra operação em que o inimigo fixou sua atenção é *cheng*; enquanto qualquer uma que o surpreende ou é inesperada é *ch'i*". Se o inimigo percebe um movimento que deveria ser *ch'i*, ele imediatamente se torna *cheng*.

4. Que o impacto do seu exército seja como uma pedra de amolar atirada contra um ovo — isso é alcançado pela ciência dos pontos fracos e fortes.

5. Em todas as lutas, o método direto pode ser usado para entrar na batalha, mas métodos indiretos serão necessários para garantir a vitória.

> Chang Yü diz: "Desenvolva constantemente táticas indiretas, seja atacando os flancos do inimigo ou se abatendo sobre sua retaguarda". Um exemplo brilhante de "táticas indiretas" que decidiu o resultado de uma campanha foi a marcha noturna de Lord Roberts ao redor de Peiwar Kotal na Segunda Guerra Anglo-Afegã.[81]

6. Táticas indiretas, aplicadas com eficiência, são inesgotáveis como o Céu e a Terra, intermináveis como o fluxo de rios e córregos; como o sol e a lua, elas terminam, apenas para recomeçar; como as quatro estações, elas se vão, só para retornar mais uma vez.

> Tu Yu e Chang Yü entendem isso das permutações de *ch'i* e *cheng*. Todavia, nesse trecho, Sun Tzǔ não está falando de *cheng* de forma alguma, a menos que, de fato, suponhamos com Cheng Yu-hsien, que uma frase relacionada tenha desaparecido do texto. Claro, como já foi apontado, ambos estão tão inextricavelmente interligados em todas as operações militares, que não podem de fato ser considerados separados. Aqui temos apenas uma expressão, em linguagem figurada, do recurso quase infinito de um grande líder.

---

[81] *Forty-one Years in India*, cap. 46.

7. Não há mais do que cinco notas musicais, mas as combinações dessas cinco dão origem a mais melodias do que é possível ouvir.

8. Não há mais do que cinco cores primárias (azul, amarelo, vermelho, branco e preto), mas combinadas elas produzem mais matizes do que é possível ver.

9. Não há mais do que cinco sabores cardeais (azedo, ácido, salgado, doce, amargo), mas combinações deles produzem mais sabores do que é possível saborear.

10. Na batalha, não há mais do que dois métodos de ataque: o direto e o indireto; no entanto, esses dois, combinados, dão origem a uma série infinita de manobras.

11. O direto e o indireto levam um ao outro, alternando-se. É como andar em um círculo — nunca se chega ao fim. Quem pode esgotar as possibilidades de sua combinação?

12. O avanço das tropas é como a força de uma torrente que faz rolar até pedras em seu curso.

13. A qualidade da decisão é como o voo oportuno de um falcão, que lhe permite atacar e destruir sua vítima.

O idioma aqui neste contexto é uma palavra que desafia os melhores esforços do tradutor. Tu Mu define como "a medida ou estimativa de distância". Mas esse significado não se encaixa bem na comparação exemplificativa no § . 15. Conforme aplicada ao falcão, parece-me denotar aquele instinto de *autocontrole* que impede o pássaro de atacar sua presa até o momento certo, junto do poder de julgar quando o momento certo chegou. A qualidade análoga em soldados é a extremamente importante capacidade de conservar seu fogo até o exato instante em que será mais eficaz. Quando o *Victory* entrou em ação em Trafalgar em pouco mais do que um ritmo de deriva, esteve exposto por vários minutos a uma tempestade de tiros e projéteis antes de responder com uma única arma. Nelson esperou friamente até estar a curta distância, quando o costado que ele trouxe para dar suporte causou estragos terríveis nos navios inimigos mais próximos.

14. Portanto, o bom lutador será terrível em seu ataque e rápido em suas decisões.

> A palavra "decisão" faria referência à medição de distância mencionada acima, deixando o inimigo se aproximar antes de atacar. Mas não consigo deixar de pensar que Sun Tzŭ quis usar a palavra em um sentido figurado comparável a nossa própria expressão "breve e cortante". Confira a nota de Wang Hsi que, após descrever o modo de ataque do falcão, prossegue: "É assim que o 'momento psicológico' deve ser aproveitado na guerra". Não gosto da interpretação do capitão Calthrop: "O espírito do bom lutador é aterrorizante; suas ocasiões, repentinas".

15. A energia pode ser comparada ao ato de curvar uma balestra; a decisão, ao ato de soltar o gatilho.

> Nenhum dos comentaristas parece compreender o verdadeiro sentido da comparação.

16. Em meio à turbulência e ao tumulto da batalha, pode haver aparente desordem e, ainda assim, nenhuma desordem de fato; em meio à confusão e ao caos, sua formação pode não ter pé nem cabeça, mas será à prova de derrota.

> Mei Yao-ch'en explica: "As subdivisões do exército, tendo sido previamente fixadas, e os vários sinais combinados, a separação e a reunião, a dispersão e o ajuntamento que ocorrerão no curso de uma batalha, podem dar a aparência de desordem quando nenhuma desordem de verdade é possível. Sua formação pode estar sem pé nem cabeça, suas disposições todas de ponta-cabeça e, ainda assim, uma derrota de suas forças estar completamente fora de questão".

17. A desordem simulada demanda disciplina perfeita; o medo simulado demanda coragem; a fraqueza simulada demanda força.

> Para tornar a tradução inteligível, é necessário atenuar a forma consideravelmente paradoxal do original. Ts'ao Kung oferece uma pista do significado em sua breve observação: "Todas essas coisas servem para destruir a formação e esconder sua condição". Mas Tu Mu é o primeiro a expressá-lo de forma bem clara: "Aquele que deseja fingir confusão para atrair o inimigo deve primeiro ter disciplina perfeita; quem deseja exibir acovardamento para encurralar o inimigo deve ter extrema coragem; quem deseja exibir sua fraqueza para deixar o inimigo confiante demais deve ter força excessiva".

18. Esconder a ordem sob o manto da desordem é apenas uma questão de subdivisão;

> Ver acima, § 1.

esconder coragem sob uma demonstração de covardia pressupõe um fundo de energia latente;

> É muito estranho que os comentaristas entendam uma certa palavra chinesa aqui de forma diferente do que em qualquer outro lugar deste capítulo. Assim, Tu Mu afirma: "ao ver que estamos em circunstâncias favoráveis e, ainda assim, não realizamos nenhum movimento, o inimigo acreditará que estamos realmente com medo."

mascarar a força com a fraqueza é executado por meio de disposições táticas.

> Chang Yü relata a seguinte anedota de Kao Tsu, primeiro Imperador Han: "Desejando esmagar os Hsiung-nu, ele enviou espiões para analisar suas condições. Mas os Hsiung-nu, de sobreaviso, esconderam

cuidadosamente todos os seus homens saudáveis e cavalos bem alimentados, e só permitiram que soldados enfermos e gado emaciado fossem vistos. O resultado foi que todos os espiões recomendaram ao Imperador que realizasse seu ataque. Somente Lou Ching se opôs a eles, dizendo: 'Quando dois países entram em guerra, estão naturalmente inclinados a fazer uma exibição ostentosa de sua força. No entanto, nossos espiões não viram nada além de velhice e enfermidade. Isso é certamente algum *truque* por parte do inimigo, e seria imprudente atacarmos.' O Imperador, no entanto, desconsiderando esse conselho, caiu na armadilha e viu-se cercado em Po-teng".

19. Portanto, aquele que é hábil em manter o inimigo em movimento mantém aparências enganosas, de acordo com as quais o inimigo agirá.

A nota de Ts'ao Kung é: "Faça uma demonstração de fraqueza e carência". Tu Mu diz: "Se nossa força for superior à do inimigo, pode-se simular fraqueza para atraí-lo; porém, se for inferior, ele deve ser levado a acreditar que somos fortes, para que se mantenha afastado. Na verdade, todos os movimentos do inimigo devem ser determinados pelos sinais que escolhemos dar a ele". A seguinte anedota deSun Pin, um descendente de Sun Wu: em 341 a.C., o Estado de Ch'i estando em guerra contra Wei, enviou T'ien Chi e Sun Pin contra o general P'ang Chüan, que por acaso era um inimigo pessoal mortal deste último. Sun Pin falou: "O Estado de Ch'i tem uma reputação de covardia e, portanto, nosso adversário nos despreza. Vamos aproveitar essa circunstância". Assim sendo, quando o exército cruzou a fronteira para o território Wei, ele deu ordens para que fossem acesas 100 mil fogueiras na primeira noite, 50 mil na segunda e na noite seguinte apenas 20 mil. P'ang Chüan os perseguiu intensamente, dizendo a si mesmo: "Eu sabia que esses homens de Ch'i eram covardes: seus números já caíram para mais da metade". Em sua retirada, Sun Pin chegou a um desfiladeiro estreito, que ele calculou que seus perseguidores alcançariam depois de escurecer. Ali, ele mandou que retirassem a casca de uma árvore e inscreveu nela as palavras: "Sob esta árvore morrerá P'ang Chüan". Então, quando a noite começou a cair, ele posicionou um forte corpo de arqueiros em emboscada nas proximidades, com ordens de atirar no mesmo instante caso vissem uma luz. Mais tarde, P'ang Chüan chegou ao local e, notando a árvore, acendeu uma luz para ler o que estava escrito nela. Seu corpo foi imediatamente crivado por uma saraivada de flechas e todo o seu exército ficou desorientado. (A versão acima é a de Tu Mu; o *Shih Chi*, menos dramático, mas provavelmente com mais veracidade histórica, apresenta P'ang Chüan cortando a própria garganta com uma exclamação de desespero, após a derrota de seu exército.)

Ele sacrifica algo, deixando o inimigo arrebatá-lo.

20. Ele o mantém em marcha, lançando iscas; então, com um grupo de homens escolhidos, ele o aguarda.

Como uma emenda sugerida por Li Ching, o significado, portanto, seria: "Ele fica à espreita com o corpo principal de suas tropas".

21. O combatente inteligente busca o efeito da energia combinada e não exige demais dos indivíduos.

Tu Mu explica: "Ele primeiro considera o poder de seu exército em massa; depois leva em conta o talento individual e usa cada homem conforme sua capacidade. Ele não exige perfeição dos sem talento".

Daí vem sua capacidade de escolher os homens certos e utilizar a energia combinada.

22. Quando ele utiliza a energia combinada, seus combatentes se transformam em algo com troncos ou pedras rolantes. Pois é da natureza de um tronco ou pedra permanecer imóvel em terreno plano, e mover-se quando em declive; se tiver quatro pontas, ficar parado, mas se tiver formato redondo, rolar para baixo.

Ts'au Kung denomina isso de "o uso do poder natural ou inerente".

23. Assim, a energia desenvolvida por bons homens de luta é como o ímpeto de uma pedra redonda rolada do alto de uma montanha de milhares metros de altura. Isso é dito sobre o tema da energia.

A principal lição deste capítulo, na opinião de Tu Mu, é a importância primordial de evoluções rápidas e investidas repentinas na guerra. "Grandes resultados", acrescenta, "podem ser alcançados com pequenas forças".

CAPÍTULO VI

PONTOS FRACOS E FORTES

> Chang Yü tenta explicar a sequência de capítulos da seguinte maneira: "Capítulo IV, sobre Disposições Táticas, tratava da ofensiva e da defensiva; capítulo V, sobre Energia, tratava de métodos diretos e indiretos. O bom general se familiariza primeiro com a teoria de ataque e defesa e, depois, volta sua atenção para métodos diretos e indiretos. Ele estuda a arte de variar e combinar esses dois métodos antes de prosseguir para o tema dos pontos fracos e fortes. Pois o uso de métodos diretos ou indiretos surge do ataque e da defesa, e a percepção de pontos fracos e fortes depende por sua vez dos métodos acima. Por esse motivo, o presente capítulo vem imediatamente após o capítulo sobre Energia".

Sun Tzǔ ensinou:

1. Quem for o primeiro em campo e aguardar a chegada do inimigo estará descansado para a luta; quem for o segundo em campo e tiver que se apressar para a batalha chegará exausto.

2. Portanto, o combatente inteligente impõe sua vontade ao inimigo, mas não permite que a vontade do inimigo lhe seja imposta.

> Uma característica de um grande soldado é que ele luta nos próprios termos ou não luta de forma alguma.[82]

---

[82] Ver a biografia de Stonewall Jackson feita pelo Cel. Henderson, edição de 1902, vol. II, p. 490.

3. Ao exibir vantagens para ele, pode fazer com que o inimigo se aproxime por conta própria; ou, ao infligir danos, pode tornar impossível que o inimigo se aproxime.

> No primeiro caso, ele o atrairá com uma isca; no segundo, atacará algum ponto importante que o inimigo terá que defender.

4. Se o inimigo estiver descansando, ele pode importuná-lo;

> Esta passagem pode ser citada como evidência contra a interpretação de Mei Yao-Ch'en de I. § 23.]

se estiver bem abastecido de comida, pode matá-lo de fome; se estiver acampado discretamente, pode forçá-lo a se mover.

5. Apareça em pontos que o inimigo deve se apressar para defender; marche depressa para lugares onde não é esperado.

6. Um exército pode marchar grandes distâncias sem sofrimento, se marchar por um território onde o inimigo não está.

> Ts'ao Kung resume muito bem: "Emerja do vazio [literalmente, como 'um raio vindo do nada'], ataque pontos vulneráveis, evite lugares que defendidos, ataque áreas inesperadas".

7. É possível garantir o sucesso em seus ataques se atacar apenas locais desprotegidos.

> Wang Hsi corretamente explica como "pontos fracos; isto é, onde falta capacidade para o general, ou os soldados não têm ânimo; onde as muralhas não são fortes o bastante, ou as precauções não são rigorosas o suficiente; onde o socorro chega tarde demais, ou as provisões são escassas demais, ou os defensores discordam entre si".

É possível garantir a segurança de sua defesa se você mantiver apenas posições que não possam ser atacadas.

> Isto é, onde não há nenhum dos pontos fracos mencionados acima. Há um ponto bastante interessante envolvido na interpretação desta cláusula posterior. Tu Mu, Ch'ên Hao e Mei Yao-ch'en consideram que o sentido é: "Para tornar sua defesa bastante segura, você deve defender *até* aqueles lugares que provavelmente não serão atacados"; e Tu Mu acrescenta: "Ainda mais, portanto, aqueles que serão atacados". Compreendida dessa forma, no entanto, a cláusula não se equilibra tão bem com a precedente — sempre algo a se considerar no estilo altamente antitético que é natural para os chineses. Chang Yü, portanto, parece chegar mais perto do alvo ao dizer: "Aquele que é habilidoso no ataque surge das alturas mais altas do céu [ver IV. § 7], tornando impossível que o inimigo se proteja contra ele. Sendo assim, os lugares que atacarei são precisamente aqueles que o inimigo não é capaz de defender... Aquele que é habilidoso na defesa se esconde nos recessos mais secretos da terra, tornando impossível para o inimigo estimar seu paradeiro. Sendo assim, os lugares que ocuparei são precisamente aqueles que o inimigo não é capaz de atacar".

8. Portanto, é hábil no ataque aquele general que deixa seu oponente sem saber o que defender; e ele é hábil na defesa quando seu oponente não sabe o que atacar.

> Um aforismo que resume toda a arte da guerra.

9. Ó divina arte da sutileza e do segredo! Por você aprendemos a ser invisíveis, por você inaudíveis;

> Literalmente, "sem forma ou som", mas é dito, é claro, em referência ao inimigo.

e, desse modo, podemos ter o destino do inimigo em nossas mãos.

10. É possível avançar e ser totalmente inelutável se atacar os pontos fracos do inimigo; é possível recuar e estar a salvo da perseguição se seus movimentos forem mais velozes que os do inimigo.

11. Se quisermos lutar, o inimigo pode ser forçado a um engajamento mesmo que esteja abrigado atrás de uma muralha alta e uma vala profunda. Tudo o que precisamos fazer é atacar algum outro lugar que ele será obrigado a aliviar.

> Tu Mu diz: "Se o inimigo for a parte invasora, podemos cortar sua linha de comunicação e ocupar as estradas pelas quais ele terá que retornar; se formos os invasores, podemos direcionar nosso ataque contra o próprio soberano". Está claro que Sun Tzǔ, ao contrário de certos generais na última guerra dos Bôeres, não acreditava em ataques frontais.

12. Se não quisermos lutar, podemos impedir que o inimigo nos envolva, mesmo que as linhas do nosso acampamento mal estejam traçadas no chão. Tudo o que precisamos fazer é atirar algo estranho e inexplicável em seu caminho.

> Esta expressão extremamente concisa é parafraseada de forma compreensível por Chia Lin: "embora não tenhamos construído nem muro nem fosso". Li Ch'üan, no entanto, diz: "nós o confundimos com disposições estranhas e incomuns"; e Tu Mu, por fim, arremata o sentido com três anedotas ilustrativas: uma de Ch'u-ko Liang, que, ao ocupar Yang-p'ing e prestes a ser atacado por Ssǔ-ma I, de repente apresentou sua rendição, parou o rufar dos tambores e abriu os portões da cidade, mostrando apenas alguns homens ocupados em varrer e aspergindo o chão. Essa ação inesperada teve o efeito pretendido; pois Ssǔ-ma I, suspeitando uma emboscada, na verdade, retirou seu exército e recuou.

O que Sun Tzŭ está defendendo aqui, portanto, não é nada mais nada menos do que o uso oportuno do "blefe".

13. Ao descobrir as disposições do inimigo e permanecermos invisíveis, podemos manter nossas forças concentradas, enquanto as do inimigo precisarão ser divididas.

A conclusão talvez não seja muito óbvia, mas Chang Yü (depois de Mei Yao-ch'en) explica corretamente da seguinte forma: "Se as disposições do inimigo estiverem visíveis, podemos atacá-lo em um só corpo; ao passo que, se nossas próprias disposições forem mantidas em segredo, o inimigo será obrigado a dividir suas forças para se proteger contra ataques por todos os lados".

14. Podemos formar um único corpo unido, enquanto o inimigo é obrigado a se dividir em frações. Portanto, haverá um todo em confronto com partes separadas de um todo, o que significa que seremos muitos para os poucos do inimigo.

15. E se formos capazes de atacar uma força inferior com uma superior, nossos oponentes estarão em grandes dificuldades.

16. O local onde pretendemos lutar não deve ser revelado; pois desse modo o inimigo precisará se preparar para um possível ataque em vários pontos diferentes;

Sheridan explicou certa vez o motivo das vitórias do General Grant dizendo que "enquanto seus oponentes estavam ocupados imaginando o que ele iria fazer, *ele* estava pensando principalmente no que ele próprio iria fazer".

e suas forças estando assim distribuídas em várias direções, os números que teremos que enfrentar em qualquer ponto serão proporcionalmente pequenos.

17. Pois se o inimigo fortalecer sua vanguarda, enfraquecerá sua retaguarda; se ele fortalecer sua retaguarda, enfraquecerá sua vanguarda; se ele fortalecer sua esquerda, enfraquecerá sua direita; se ele fortalecer sua direita, enfraquecerá sua esquerda. Se enviar reforços para todos os lugares, ele estará fraco em todos os lugares.

> Em *Instruções aos seus generais* de Frederico, o Grande, lemos: "Uma guerra defensiva tende a nos trair em distanciamentos frequentes demais. Os generais pouco experientes tentam proteger todos os pontos, enquanto aqueles que estão mais familiarizados com sua profissão, tendo apenas o objetivo principal em vista, protegem-se contra um golpe decisivo e aceitam pequenos infortúnios para evitar maiores".

18. A fraqueza numérica surge da necessidade de nos prepararmos contra possíveis ataques; a força numérica, de obrigar nosso adversário a fazer esses preparativos contra nós.

> A mais alta competência militar, nas palavras do coronel Henderson está em "obrigar o inimigo a dispersar seu exército e, então, concentrar força superior contra cada fração, uma por vez".

19. Sabendo o local e a hora da batalha que se aproxima, podemos nos concentrar vindos de grandes distâncias para lutar.

> Não há nada sobre "derrotar" alguém nesta frase, como capitão Calthrop a traduz. O que Sun Tzŭ claramente tem em mente é o bom cálculo de distâncias e o emprego magistral da estratégia que permitem a um general dividir seu exército para uma marcha longa e rápida e, em seguida, efetuar uma confluência no local e na hora exatos para confrontar o inimigo com força esmagadora. Entre muitas dessas confluências bem-sucedidas que a história militar registra, uma das mais dramáticas e decisivas foi o surgimento de Blucher exatamente no momento crítico no campo de Waterloo.

20. Contudo, se nem a hora nem o lugar forem conhecidos, então a ala esquerda estará impotente para socorrer a direita, a direita igualmente impotente para socorrer a esquerda, a vanguarda incapaz de livrar a retaguarda, ou a retaguarda de apoiar a vanguarda. Ainda mais se as porções mais distantes do exército estiverem a menos de cem *li* de distância, e mesmo as mais próximas estiverem separadas por vários *li*!

> O chinês dessa última frase é um pouco impreciso, mas a imagem mental que somos obrigados a desenhar é provavelmente a de um exército avançando em direção a um determinado ponto de encontro em colunas separadas, cada uma com ordens para estar lá em uma data fixa. Se o general permitir que os vários destacamentos prossigam ao acaso, sem instruções precisas quanto ao horário e local do encontro, o inimigo será capaz de aniquilar o exército até o último homem. Pode valer a pena citar a nota de Chang Yü aqui: "Se não soubermos o local onde nossos oponentes pretendem se concentrar ou o dia em que entrarão na batalha, nossa unidade será perdida por nossos preparativos para a defesa, e as posições que mantivermos serão inseguras. De repente, encontrando um inimigo poderoso, seremos levados a batalhar em estado de confusão, e nenhum apoio mútuo será possível entre as alas, vanguarda ou retaguarda, principalmente, se houver grande distância entre as divisões mais avançadas e mais distantes do exército".

21. Embora, de acordo com minha estimativa, os soldados de Yüeh excedam os nossos em número, isso não os beneficiará em nada em matéria de vitória.

Declaro, portanto, que a vitória pode ser alcançada.

> Que infelicidade essas palavras corajosas! A longa rixa entre os dois estados terminou em 473 a.C. com a derrota total de Wu por Kou Chien e sua incorporação a Yüeh. Isso foi sem dúvida muito depois da morte

de Sun Tzŭ. Com sua afirmação atual, compare IV. § 4. Chang Yü é o único a apontar a aparente discrepância, que ele explica da seguinte forma: "No capítulo sobre Disposições Táticas é dito: 'É possível *saber* como conquistar sem ser capaz de *fazê-lo*', ao passo que aqui temos a declaração de que 'a vitória' pode ser alcançada. A explicação é que, no capítulo anterior, no qual a ofensiva e a defensiva estão sendo discutidas, é dito que, se o inimigo estiver totalmente preparado, não se pode ter certeza que se vai derrotá-lo. Mas a passagem atual se refere especificamente aos soldados de Yüeh que, de acordo com os cálculos de Sun Tzŭ, serão mantidos na ignorância da hora e do lugar da luta iminente. É por isso que nesse trecho ele afirma que a vitória pode ser alcançada.".

22. Embora o inimigo seja mais forte em números, podemos impedi-lo de lutar.

Uma leitura alternativa oferecida por Chia Lin é: "Conheça de antemão todos os planos que conduzem ao nosso sucesso e ao fracasso do inimigo".

Planeje descobrir seus planos e a probabilidade de seu sucesso.

Esta é talvez a melhor maneira de entender as palavras, embora Chia Lin ofereça a alternativa de "Conheça de antemão todos os planos que conduzem ao nosso sucesso e ao fracasso do inimigo."

23. Alarme-o e aprenda o princípio de sua atividade ou inatividade.

Chang Yü nos conta que, ao notar a satisfação ou a raiva demonstrada pelo inimigo ao ser assim perturbado, seremos capazes de concluir se sua política é ficar quieto ou o inverso. Ele exemplifica a ação de Cho-ku Liang, que enviou o presente desdenhoso de um adereço de cabeça de mulher para Ssŭ-ma I, a fim de incitá-lo a deixar de lado suas táticas cautelosas.

Force-o a se revelar, para descobrir seus pontos vulneráveis.

24. Compare cuidadosamente o exército adversário com o seu, para que possa saber onde a força é superabundante e onde é deficiente.

> Confira, IV. § 6.

25. Ao fazer disposições táticas, o mais alto nível que se pode atingir é ocultá-las;

> A malícia do paradoxo desaparece na tradução: talvez seja mais "não dar nenhum sinal" daquilo que se pretende fazer do que verdadeira invisibilidade (ver acima § 9) dos planos que são formados em sua mente.

oculte suas disposições e estará a salvo da curiosidade de espiões mais cuidadosos, das maquinações de cérebros mais sábios.

> Tu Mu explica da mesma forma: "embora o inimigo possa ter oficiais inteligentes e capazes, eles não serão capazes de traçar nenhum plano contra nós".

26. Como a vitória pode lhes ser alcançada a partir das próprias táticas do inimigo — isso é o que a massa não consegue compreender.

27. Todos os homens podem enxergar as táticas pelas quais eu conquisto, mas o que ninguém consegue enxergar é a estratégia a partir da qual a vitória se desenvolve.

> Isto é, todos podem ver superficialmente como uma batalha é vencida; o que não conseguem enxergar é a longa série de planos e combinações que precederam a batalha.

28. Não repita as táticas que lhe renderam uma vitória, mas deixe que seus métodos sejam regulados pela infinita variedade de circunstâncias.

> Como Wang Hsi sabiamente observa: "Há apenas um princípio básico subjacente à vitória, mas as táticas que levam a ela são infinitas em número". A isso, compare coronel Henderson: "As regras da estratégia são poucas e simples. Elas podem ser aprendidas em uma semana. Elas podem ser ensinadas com ilustrações conhecidas ou uma dúzia de diagramas. Mas tal conhecimento não ensinará um homem a liderar um exército igual a Napoleão mais do que um conhecimento de gramática o ensinará a escrever igual a Gibbon".

29. As táticas militares são como a água; pois a água, em seu curso natural, afasta-se dos lugares altos e corre para baixo.

30. Sendo assim, na guerra, o caminho é evitar o que é forte e atacar o que é fraco.

> Como a água, seguindo o fluxo de menor resistência.

31. A água molda seu curso de acordo com a natureza do solo sobre o qual flui; o soldado determina sua vitória conforme o inimigo que está enfrentando.

32. Portanto, assim como a água não mantém uma forma constante, na guerra não há condições constantes.

33. Aquele que consegue modificar suas táticas conforme seu oponente e desse modo consegue vencer, pode ser chamado de capitão vindo do céu.

34. Os cinco elementos

> Água, fogo, madeira, metal, terra

nem sempre são igualmente predominantes;

> Isto é, como explica Wang Hsi: "eles predominam alternadamente".

as quatro estações abrem caminho umas para as outras.

> Literalmente: "não possuem assento invariável".

Há dias curtos e longos; a lua tem seus períodos de minguante e crescente.

> Confira V. § 6. O propósito da passagem é apenas ilustrar a falta de imutabilidade na guerra por causa das mudanças que ocorrem constantemente na Natureza. A comparação não é muito feliz, no entanto, porque a regularidade dos fenômenos que Sun Tzŭ menciona não é de forma alguma paralela à guerra.]

CAPÍTULO VII

EXECUÇÃO DE MANOBRAS

Sun Tzŭ disse:

1. Na guerra, o general recebe suas ordens do soberano.

2. Tendo reunido um exército e concentrado suas forças, ele deve combinar e harmonizar os diferentes elementos antes de montar acampamento.

> Chang Yü diz que as palavras também podem ser entendidas como significando: "o estabelecimento de harmonia e confiança entre os escalões superiores e inferiores antes de se aventurarem no campo de batalha"; e ele cita uma máxima de Wu Tzu (cap. 1 *ad init.*): "Sem harmonia no Estado, nenhuma expedição militar pode ser empreendida; sem harmonia no exército, nenhuma ordem de batalha pode ser formada".

3. Depois disso, seguem-se as manobras táticas, não há nada mais difícil do que isso.

> Afastei-me um pouco da interpretação tradicional de Ts'ao Kung, que diz: Do momento em que recebemos as instruções do soberano até nosso acampamento contra o inimigo, as táticas a serem adotadas são as mais difíceis". Parece-me que as táticas ou manobras dificilmente

podem ser ditas como iniciadas até que o exército tenha partido e acampado, e a observação de Qien Hao concede credibilidade a essa visão: "Para recrutar, reunir, harmonizar e entrincheirar um exército, há muitas regras antigas que servirão. A verdadeira dificuldade surge quando nos envolvemos em operações táticas". Tu Yu também observa que "a grande dificuldade é estar de antemão com o inimigo para assumir uma posição favorável".

A dificuldade da manobra tática consiste em transformar o tortuoso em direto, e o infortúnio em lucro.

Essa frase contém uma daquelas expressões altamente condensadas e um tanto enigmáticas das quais Sun Tzŭ tanto gosta. Assim é explicada por Ts'ao Kung: "Faça parecer que você está muito longe, então, cubra a distância rapidamente e chegue à cena antes de seu oponente". Tu Mu afirma: "Ludibrie o inimigo, para que ele possa ser negligente e vagaroso, enquanto você avança com a máxima velocidade". Ho Shih oferece uma possibilidade um pouco diferente para a frase: "Embora possa ter terreno difícil a atravessar e obstáculos naturais a encontrar, esta é uma desvantagem que pode ser transformada em verdadeira vantagem por meio da movimentação célere". Exemplos significativos desse ditado são fornecidos pelas duas famosas travessias dos Alpes — a de Aníbal, que pôs a Itália à sua mercê, e a de Napoleão dois mil anos depois, que resultou na grande vitória de Marengo.

4. Assim, tomar uma rota longa e tortuosa, depois de atrair o inimigo para fora do caminho e, embora partindo depois dele, conseguir alcançar o destino antes dele, demonstra conhecimento do artifício do *desvio*.

Tu Mu cita a famosa marcha de Chao Shê em 270 a.C. para socorrer a cidade de O-yü, que estava sofrendo a forte investida de um exército Ch'in. O rei de Chao primeiro consultou Lien P'o sobre a conveniência de tentar auxiliar, porém, este último considerou a distância grande demais e o terreno até lá acidentado e difícil demais. Sua Majestade, em seguida, se voltou para Chao She, que admitiu plenamente a natureza perigosa da marcha, mas por fim respondeu: "Seremos como dois ratos lutando como um todo — e o mais corajoso vencerá!". Então, ele deixou a capital com seu exército, mas tinha percorrido apenas uma distância de 30 *li* quando parou e começou a erguer trincheiras. Por 28 dias, continuou reforçando suas fortificações e garantiu que espiões levassem a informação ao inimigo. O general Ch'in ficou exultante e atribuiu a lentidão de seu adversário ao fato de que a cidade sitiada estava no estado de Han e, portanto, não fazia parte do território Chao. Todavia, os espiões mal haviam partido quando Chao She começou uma intensa marcha que durou dois dias e uma noite, e chegou à cena da ação com uma rapidez tão surpreendente que ele foi capaz de ocupar uma posição de comando na "colina Norte" antes que o inimigo percebesse sua movimentação. Seguiu-se uma derrota esmagadora para as forças Ch'in, que foram obrigadas a erguer o cerco de O-yü às pressas e recuar atravessando a fronteira.

5. Manobrar com um exército é vantajoso; com uma multidão indisciplinada, muito perigoso.

Adoto aqui a leitura do *T'ung Tien*, *Cheng Yu-hsien* e do *T'u Shu*, que parece fornecer a nuance exata necessária para fazer sentido. Os comentaristas interpretam que as manobras podem ser benéficas ou perigosas: tudo depende da habilidade do general.

6. Se você colocar um exército totalmente equipado em marcha para arrebatar uma vantagem, as chances são de que chegará tarde demais.

Por outro lado, destacar uma coluna rápida para esse propósito envolve o sacrifício de sua bagagem e suprimentos.

O texto em chinês é evidentemente ininteligível para os comentaristas chineses, que parafraseiam a frase. Apresento minha própria versão sem muito entusiasmo, convencido de que há alguma corrupção profundamente arraigada no texto. De modo geral, está claro que Sun Tzŭ não aprova uma longa marcha realizada sem suprimentos. Confira abaixo, § 11.

7. Por isso, se ordenar aos seus homens que enrolem seus casacos de couro e façam marchas forçadas sem parar, dia e noite, cobrindo o dobro da distância costumeira de uma só vez,

A marcha diária normal, de acordo com Tu Mu, era de 30 *li*; mas em uma ocasião, ao perseguir Liu Pei, Ts'ao Ts'ao teria percorrido a incrível distância de 300 *li* em vinte e quatro horas.

cobrindo cem *li* para obter vantagem, os líderes de todas as suas três divisões cairão nas mãos do inimigo.

8. Os homens mais fortes estarão na frente, os exaustos ficarão para trás e, com esse plano, apenas um décimo do seu exército chegará ao seu destino.

A moral da história é, como Ts'ao Kung e outros apontam: Não marche cem *li* para ganhar uma vantagem tática, com ou sem equipamentos. Manobras desse tipo devem ser restritas a curtas distâncias. Stonewall Jackson afirmou: "As dificuldades das marchas forçadas são com frequência mais dolorosas do que os perigos da batalha". Ele não costumava exigir de suas tropas esforços extraordinários. Somente quando pretendia surpreender, ou quando uma retirada rápida era imperativa, ele sacrificava tudo pela velocidade.[83]

---

[83] Ver Cel. Henderson, *op. cit.* vol. I. p. 426.

9. Se você marchar cinquenta *li* para ludibriar o inimigo, perderá o líder da sua primeira divisão, e apenas metade de suas forças alcançarão a meta.

> Literalmente, "o líder da primeira divisão será *arrancado*".

10. Se você marchar trinta *li* com o mesmo objetivo, dois terços de seu exército chegarão.

> No *T'ung Tien* acrescenta-se: "A partir disto podemos conhecer a dificuldade de manobrar".

11. Podemos, portanto, considerar que um exército sem seu comboio de bagagens está perdido; sem provisões, está perdido; sem bases de suprimento, está perdido.

> Creio que Sun Tzŭ quis dizer "estoques acumulados em depósitos". Mas Tu Yu diz "forragem e similares", Chang Yu diz "Mercadorias em geral" e Wang Hsi diz "combustível, sal, alimentos, etc."

12. Não podemos entrar em alianças até que estejamos familiarizados com os desígnios de nossos vizinhos.

13. Não estamos aptos a liderar um exército em marcha a menos que estejamos familiarizados com o relevo do país — suas montanhas e florestas, seus perigos e precipícios, seus pântanos e charcos.

14. Não seremos capazes de aproveitar as vantagens naturais a menos que façamos uso de guias locais.

> § § . 12-14 são repetidos no cap. XI. § 52.

15. Na guerra, pratique a dissimulação e obterá sucesso.

> Nas táticas de Turenne, enganar o inimigo, em especial quanto à força numérica das própria tropas, ocupou posição muito proeminente.[84]

Mova-se somente se houver uma vantagem real a ser obtida.

16. Concentrar ou dividir suas tropas, isso deve ser decidido conforme as circunstâncias.

17. Que sua velocidade seja como a do vento,

> A comparação é duplamente apropriada, pois o vento não é apenas rápido, mas, como Mei Yao-ch'en aponta: "invisível e não deixa rastros".

sua compacidade como a da floresta.

> Meng Shih se aproxima mais do correto com sua observação: "Quanto estiver marchando devagar, a ordem e as fileiras devem ser mantidas" — para se proteger contra ataques surpresa. Mas florestas naturais não crescem em fileiras, ao passo que, em geral, têm a qualidade serem densas ou compactas.

18. Ao invadir e pilhar, seja como o fogo;

> Compare *Shih Ching*, IV. 3. iv. 6: "Feroz como um fogo ardente que nenhum homem consegue conter".

na imobilidade, como uma montanha.

> Isto é, ao manter uma posição da qual o inimigo está tentando removê-lo, ou talvez, como Tu Yu diz, quando ele está tentando atraí-lo para uma armadilha.

---

[84] Para uma série de máximas sobre este assunto, ver *Marshal Turenne* (Longmans, 1907), p. 29.

19. Que seus planos sejam sombrios e impenetráveis como a noite e, quando se mover, que você desabe como um raio.

> Tu Yu cita uma máxima de Tai Kung que se tornou um provérbio: "Não se pode fechar seus ouvidos para o trovão ou seus olhos para o relâmpago — tão rápidos eles são". Da mesma forma, um ataque deve ser feito tão depressa que não possa ser defendido.

20. Ao saquear uma zona rural, divida os despojos entre seus homens;

> Sun Tzŭ deseja diminuir os abusos da pilhagem indiscriminada, insistindo que todo o saque seja colocado em um estoque coletivo, que depois pode ser dividido de forma justa entre todos.

quando capturar um novo território, divida-o em lotes para o benefício dos soldados.

> Ch'ên Hao afirma "aloje seus soldados na terra e que eles semeem e plantem". Foi agindo com base nesse princípio e cultivando as terras que invadiram que os chineses conseguiram realizar algumas de suas expedições mais memoráveis e triunfantes, como a de Pan Ch'ao, que penetrou até o Mar Cáspio e, em anos mais recentes, as de Fu-k'ang-an e Tso Tsung-t'ang.

21. Pondere e reflita antes de fazer qualquer movimento.

> Chang Yü cita Wei Liao Tzu dizendo que não devemos levantar acampamento até que tenhamos medido o poder de resistência do inimigo e a esperteza do general adversário. Confira as "sete comparações" em I § 13. Capitão Calthrop omite esta frase.

22. Aquele que aprendeu o artifício da distração conquistará.

Ver acima, § § 3, 4.

Essa é a arte das manobras.

Com essas palavras, o capítulo naturalmente chegaria ao fim. Agora, no entanto, segue um longo apêndice na forma de um extrato de um livro sobre guerra anterior, agora perdido, mas aparentemente existente na época em que Sun Tzŭ escreveu. O estilo desse fragmento não é consideravelmente diferente do estilo do próprio Sun Tzŭ, porém, nenhum comentarista levanta dúvidas quanto à sua autenticidade.

23. O Livro da administração de exércitos determina:

Talvez seja significativo que nenhum dos comentaristas mais antigos nos dê qualquer informação sobre esta obra. Mei Yao-Ch'en a chama de "um antigo clássico militar", e Wang Hsi de "um antigo livro sobre guerra". Considerando a enorme quantidade de confrontos que ocorreram por séculos antes da época de Sun Tzŭ entre os vários reinos e principados da China, não é improvável que uma coleção de máximas militares tenha sido produzida e transcrita em algum período anterior.

No campo de batalha,

Implícito, embora não apareça de fato no chinês.

a palavra falada não alcança o suficiente: daí a instituição de gongos e tambores.

Nem objetos comuns podem ser vistos com clareza suficiente: daí a instituição de estandartes e bandeiras.

24. Gongos e tambores, estandartes e bandeiras são meios pelos quais os ouvidos e os olhos da tropa podem se focar em um ponto específico.

Chang Yü declara: "Se a visão e a audição convergirem simultaneamente para o mesmo objeto, as evoluções de até um milhão de
soldados serão como as de um único homem!".

25. Formando dessa maneira um único corpo unificado, é impossível para os corajosos avançarem sozinhos, ou para os covardes
recuarem sozinhos.

Chuang Yu cita um ditado: "Igualmente culpados são aqueles que
avançam contra ordens e aqueles que recuam contra ordens". Tu Mu
conta uma história nesta conexão de Wu Ch'i, quando ele estava lutando contra o Estado de Ch'in. Antes que a batalha começasse, um de
seus soldados, um homem de ousadia incomparável, avançou sozinho,
capturou duas cabeças do inimigo e retornou ao acampamento. Wu
Ch'i mandou executar o homem imediatamente, ao que um oficial se
arriscou a protestar, argumentando: "Este homem era um bom soldado
e não deveria ter sido decapitado". Wu Ch'i respondeu: "Acredito pia-
mente que ele era um bom soldado, mas mandei decapitá-lo porque
ele agiu sem ordens".

Esta é a arte de lidar com grandes números de homens.

26. Em combates noturnos, portanto, faça muito uso de fogueiras e tambores, e, em combates diurnos, de bandeiras e estandartes,
como uma forma de influenciar os ouvidos e os olhos de seu exército.

Ch'ên Hao faz alusão à cavalgada noturna de Li Kuang-pi até Ho-yang
à frente de 500 homens a cavalo; fizeram uma exibição tão imponente
com tochas que, embora o líder rebelde Shih Ssu-ming tivesse um
grande exército, ele não ousou contestar sua passagem.

27. Um exército inteiro pode ser roubado de seu espírito;

"Na guerra", declara Chang Yü, "se for possível fazer um espírito de ira permear todas as fileiras de um exército ao mesmo tempo, seu surgimento será irresistível. Ora, o espírito dos soldados inimigos estará mais inflamado quando eles tiverem acabado de chegar à cena, e é, portanto, nosso momento de não lutar de imediato, mas aguardar até que seu ardor e entusiasmo tenham arrefecido e, então, atacar. É dessa forma que eles podem ser roubados de seu espírito ardente". Li Ch'üan e outros contam uma anedota (encontrada no *Tso Chuan*, ano 10, § 1) de Ts'ao Kuei, um protegido do Duque Chuang de Lu. Este último Estado foi atacado por Ch'i, e o duque estava prestes a se juntar à batalha em Ch'ang-cho, após o primeiro rufar dos tambores do inimigo, quando Ts'ao falou: "Ainda não". Somente depois que os tambores haviam soado pela terceira vez, foi que ele deu o comando para o ataque. Então, eles lutaram, e os homens de Ch'i foram totalmente derrotados. Mais tarde, questionado pelo Duque sobre a razão de sua demora, Ts'ao Kuei respondeu: "Na batalha, um espírito corajoso é tudo. Bem, o primeiro rufar do tambor tende a gerar esse espírito, mas com o segundo ele já está se esvaindo e, depois, do terceiro já desapareceu por completo. Ataquei quando o espírito deles havia sumido e o nosso estava no auge. Daí nossa vitória". (cap. 4) coloca o "espírito" em primeiro lugar entre as "quatro influências importantes" na guerra, e continua: "O valor de um exército inteiro — uma poderosa hoste de um milhão de homens — depende de um único homem: tal é a influência do espírito!".

um comandante pode ser privado de sua presença de espírito.

Chang Yü diz: "A presença de espírito é o recurso mais importante do general. É a qualidade que lhe permite disciplinar a desordem e inspirar coragem aos apavorados". O grande general Li Ching (571-649 d.C.) tem uma máxima: "Atacar não consiste apenas em assaltar cidades muradas ou confrontar um exército em formação de batalha; deve incluir a arte de assolar o equilíbrio mental do inimigo".

28. O espírito do soldado está mais intenso pela manhã;

> Desde que, suponho, ele tenha feito o desjejum. Na batalha de Trebia, tolamente, permitiu-se que os romanos lutassem em jejum, enquanto os homens de Aníbal fizeram seu desjejum com tranquilidade. Ver Lívio, XXI, liv. 8, lv. 1 e 8.

ao meio-dia o tempo começa a enfraquecer; e à noite, sua mente pensa apenas em retornar ao acampamento.

29. Um general inteligente, portanto, evita um exército quando seu espírito está mais intenso, mas o ataca quando ele está letárgico e inclinado a retornar. Esta é a arte de estudar os humores.

30. Disciplinado e calmo, aguardar o surgimento de desordem e agitação entre o inimigo — esta é a arte de manter o autocontrole.

31. Estar perto do objetivo enquanto o inimigo ainda está longe dele, esperar tranquilamente, enquanto o inimigo está se esforçando e com dificuldades, estar bem alimentado, enquanto o inimigo está faminto — essa é a arte de economizar forças.

32. Abster-se de interceptar um inimigo cujos estandartes estão em perfeita ordem, abster-se de atacar um exército disposto em ordem calma e confiante — esta é a arte de estudar as circunstâncias.

33. É um axioma militar: não avançar em um aclive contra o inimigo, nem se oponha a ele quando vier em um declive.

34. Não persiga um inimigo que simule fuga; não ataque soldados cujo temperamento seja explosivo.

35. Não morda a isca lançada pelo inimigo.

> Li Ch'üan e Tu Mu, com extraordinária incapacidade de entender uma metáfora, compreendem que essas palavras falam literalmente sobre comida e bebida que foram envenenadas pelo inimigo. Ch'ên Hao e Chang Yü com cuidado apontam que o ditado tem uma aplicação mais ampla.

Não interfira com um exército que está voltando para casa.

> Os comentaristas explicam esse conselho bastante singular afirmando que um homem cujo coração está decidido a retornar para casa lutará até a morte contra qualquer tentativa de barrar seu caminho e, portanto, é um oponente perigoso demais para se enfrentar. Chang Yü cita as palavras de Han Hsin: "Invencível é o soldado que tem seu desejo e retorna para casa". Um caso maravilhoso é relatado sobre a coragem e os recursos de Ts'ao Ts'ao no cap. 1 do *San Kuo Chi*: em 198 d.C., ele estava sitiando Chang Hsiu em Jang, quando Liu Piao enviou reforços com o objetivo de impedir a retirada de Ts'ao. Este último foi obrigado a afastar suas tropas, apenas para se ver encurralado entre dois inimigos, que estavam guardando cada saída de uma passagem estreita na qual ele havia se posicionado. Nessa situação desesperadora, Ts'ao esperou até o anoitecer, quando escavou um túnel na encosta da montanha e armou uma emboscada nele. Em seguida, marchou com sua caravana de bagagem, e, quando o dia raiou, Chang Hsiu, descobrindo que o pássaro havia voado, o perseguiu em fuga. Assim que todo o exército passou, as tropas escondidas se abateram sobre sua retaguarda, enquanto o próprio Ts'ao se virou e encontrou seus perseguidores pela frente, de modo que eles ficaram confusos e foram aniquilados. Ts'ao Ts'ao declarou depois: "Os salteadores tentaram impedir meu exército em sua retirada e trouxeram-me para a batalha em uma posição desesperadora; portanto, eu sabia como derrotá-los".

36. Quando cercar um exército, deixe uma saída livre.

> Isso não significa que o inimigo deve ter permissão para escapar. O objetivo, como Tu Mu explica, é "para fazê-lo crer que há uma rota para a segurança, e assim evitar que ele lute com a coragem do desespero". Tu Mu acrescenta agradavelmente: "Depois disso, pode esmagá-lo".

Não pressione demais um inimigo desesperado.

Ch'ên Hao cita o ditado: "Pássaros e animais, quando encurralados, usarão suas garras e dentes". Chang Yü afirma: "Se seu adversário queimou seus barcos e destruiu suas panelas, e está disposto para apostar tudo no resultado de uma batalha, não deve ser levado ao extremo". Ho Shih ilustra o sentido com uma história tirada da vida de Yen-ch'ing. Esse general, junto do seu colega Tu Chung-wei, foi cercado por um exército de quitais muito superior no ano 945 d.C. O território era árido e desértico, e a pequena força chinesa logo estava em apuros por falta de água. Os poços que tinham perfurado secaram, e os homens foram reduzidos a espremer punhados de lama e sugar a umidade. Suas fileiras diminuíram rapidamente, até que por fim Fu Yen-ch'ing exclamou: "Somos homens desesperados. É muito melhor morrer por nosso país do que ir de mãos acorrentadas para o cativeiro!". Um forte vendaval soprava do nordeste e escurecia o ar com densas nuvens de poeira arenosa. Chung-wei era a favor de esperar até que diminuísse, antes de decidirem fazer um ataque final; mas, felizmente, outro oficial, chamado Li Shou-cheng, foi mais rápido em enxergar uma oportunidade e falou: "Eles são muitos e nós somos poucos, mas, no meio desta tempestade de areia, nossos números não serão discerníveis; a vitória será do lutador vigoroso, e o vento será nosso melhor aliado". Em conformidade, Fu Yen-ch'ing fez um ataque repentino e totalmente inesperado com sua cavalaria, derrotou os bárbaros e conseguiu atravessar rumo à segurança.

37. Tal é a arte da guerra.

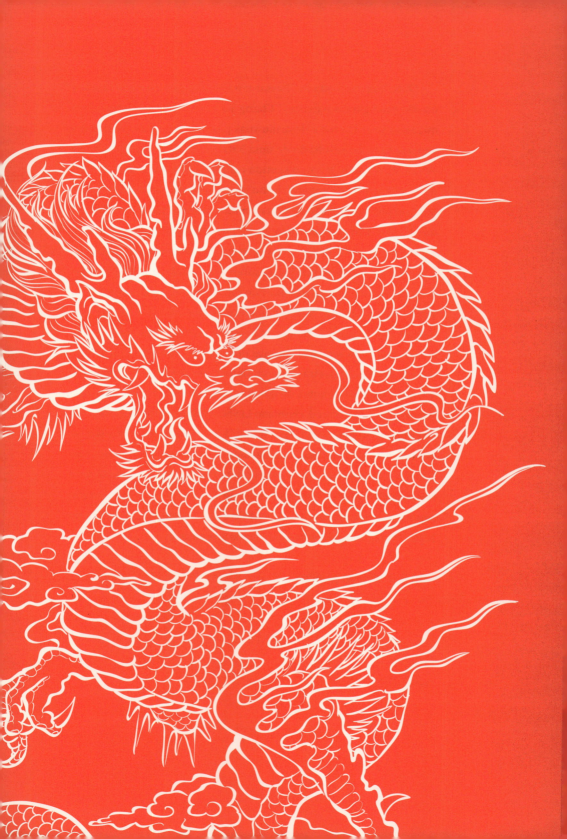

CAPÍTULO VIII

VARIAÇÕES TÁTICAS

> O título significa literalmente "As Nove Variações", porém, como Sun Tzŭ não parece enumerá-las, e como, na verdade, ele já nos informou (V § § 6-11) que tais desvios do curso normal são praticamente inumeráveis, temos pouca opção a não ser acompanhar Wang Hsi, que afirma que "nove" representa um número indefinidamente grande. "Tudo o que quer dizer é que na guerra devemos variar nossas táticas ao máximo... Não sei o que Ts'ao Kung acredita que essas nove variações sejam, mas foi sugerido que estão conectadas com as Nove Situações" do capítulo XI. Esta é a opinião adotada por Chang Yü. A única outra alternativa é supor que algo se perdeu — uma suposição à qual a brevidade incomum do capítulo confere algum peso.

1. Sun Tzŭ afirmou: Na guerra, o general recebe suas ordens do soberano, reúne seu exército e concentra suas forças.

> Repetido de VII. § 1, em que com certeza está melhor posicionado. Pode ter sido interpolado aqui apenas para fornecer um começo ao capítulo.

2. Quando estiver em um terreno difícil, não acampe.

Em um terreno onde as estradas principais se cruzam, una-se aos seus aliados.

Não se demore em posições perigosamente isoladas.

> A última situação não é uma das Nove Situações, conforme explicadas no início do capítulo XI, mas ocorre mais tarde (*ibid.* § 43. qv). Chang Yü define como situada do outro lado da fronteira, em território hostil. Li Ch'üan explica que é "um território no qual não há fontes ou poços, rebanhos ou manadas, vegetais ou lenha"; Chia Lin, "um de desfiladeiros, abismos e precipícios, sem uma estrada pela qual avançar".

Em situações de confinamento, deve-se recorrer a estratagemas. Em uma posição desesperada, deve-se lutar.

3. Há estradas que não devem ser seguidas,

> "Em especial as que conduzem por desfiladeiros estreitos", afirma Li Ch'üan, "onde se teme uma emboscada."

exércitos que não devem ser atacados,

> Mais exatamente, talvez, "há momentos nos quais um exército não deve ser atacado". Ch'ên Hao declara: "Quando encontrar uma maneira de obter uma vantagem competitiva, mas não tiver poder para infligir uma derrota de verdade, evite atacar, por medo de sobrecarregar a força de seus homens".

cidades que não devem ser sitiadas,

> Confira III. § 4 Ts'ao Kung oferece um exemplo interessante da própria experiência. Ao invadir o território de Hsu-chou, ele ignorou a cidade de Hua-pi, que ficava bem em seu caminho, e avançou para o centro do país. Essa excelente estratégia foi recompensada com a subsequente captura de nada menos que catorze cidades distritais

importantes. Chang Yü determina: "Nenhuma cidade deve ser atacada se, caso tomada, não possa ser mantida, ou, caso deixada em paz, não causará problemas". Hsun Ying, quando instado a atacar Pi-yang, respondeu: "A cidade é pequena e bem fortificada; mesmo que eu tenha sucesso em tomá-la, não será um grande feito de armas; ao passo que, caso eu falhe, farei de mim mesmo motivo de chacota". No século XVII, os cercos ainda formavam uma grande proporção da guerra. Foi Turenne quem dirigiu a atenção para a importância das marchas, contramarchas e manobras. Ele declarou: "É um grande erro desperdiçar homens na tomada de uma cidade quando o mesmo gasto de soldados conquistará uma província".[85]

posições que não devem ser contestadas, ordens do soberano que não devem ser obedecidas.

Este é um ensinamento difícil para os chineses, com sua reverência pela autoridade, e Wei Liao Tzu (citado por Tu Mu) é levado a exclamar: "Armas são instrumentos funestos, a contenda é antagônica à virtude, um comandante militar é a negação da ordem civil!". Entretanto, o fato desagradável de que até mesmo os desejos imperiais devem estar subordinados à necessidade militar permanece.

4. O general que compreende profundamente as vantagens que acompanham a variação de táticas sabe como lidar com suas tropas.

5. O general que não as compreende pode estar bem familiarizado com a configuração do país, mas não será capaz de aplicar seu conhecimento em situações práticas.

Literalmente, "obter vantagem do terreno", o que significa não apenas garantir boas posições, mas aproveitar as vantagens naturais de todas as maneiras possíveis. Chang Yü explica: "Todo tipo de terreno é

---

[85] *Marshal Turenne*, p. 50.

caracterizado por certas características naturais e também abre espaço para uma certa variação de plano. Como é possível aproveitar essas características naturais a menos que o conhecimento topográfico seja complementado pela versatilidade mental?".

6. Desse modo, o estudante da guerra que não é versado na arte da guerra de variar os planos, mesmo que esteja familiarizado com as Cinco Vantagens, não conseguirá fazer o melhor uso de seus homens.

Chia Lin nos informa que essas sugerem cinco linhas de ação óbvias e normalmente vantajosas, a saber: "se determinada estrada for curta, deve-se segui-la; se um exército estiver isolado, deve ser atacado; se uma cidade estiver em condição precária, deve ser sitiada; se uma posição puder ser invadida, deve-se tentar; e se forem consistentes com as operações militares, os comandos do governante devem ser obedecidos". Há, porém, circunstâncias que, às vezes, proíbem um general de usar essas vantagens. Por exemplo, "determinada estrada pode ser o caminho mais curto para ele, mas se ele sabe que está re-pleta de obstáculos naturais, ou que o inimigo armou uma emboscada nela, não seguirá por essa estrada. Uma força hostil pode estar aberta a ataques, mas se ele sabe que ela está sob forte pressão e provavelmente vai lutar com desespero, irá abster-se de atacar", e assim por diante.

7. Portanto, nos planos do líder sábio, considerações de van-tagem e desvantagem estarão combinadas.

"Estando em posição vantajosa ou não", declara Ts'ao Kung, "a situação oposta deve estar sempre presente em sua mente."

8. Se nossa expectativa de vantagem for moderada dessa ma-neira, é possível que tenhamos sucesso em realizar a parte essencial de nossos planos.

Tu Mu diz: "Se quisermos arrancar uma vantagem do inimigo, não devemos fixar nossas mentes somente nisso, mas prever a possibilidade de o inimigo também nos causar algum dano, e permitir que isso entre como um fator em nossos cálculos".

9. Se, por outro lado, em meio às dificuldades estivermos sempre prontos a aproveitar uma vantagem, poderemos nos livrar do infortúnio.

Tu Mu afirma: "Se eu desejo sair de uma posição perigosa, devo considerar não apenas a capacidade do inimigo de me ferir, mas também minha própria capacidade de obter uma vantagem sobre o inimigo. Se em meus conselhos essas duas considerações forem devidamente combinadas, terei sucesso em me libertar... Por exemplo: se eu estiver cercado pelo inimigo e apenas pensar em efetuar uma fuga, a falta de temor de meu plano incitará meu adversário a me perseguir e me esmagar; seria muito melhor encorajar meus homens a realizar um contra-ataque ousado e a usar a vantagem assim obtida para me libertar dos esforços do inimigo". Ver a história de Ts'ao Ts'ao, VII. § 35, nota.

10. Reduza os chefes hostis infligindo-lhes danos;

Chia Lin enumera várias maneiras de infligir esses danos, algumas das quais só ocorreriam à mente oriental: "Atraia os melhores e mais sábios homens do inimigo, para que ele fique sem conselheiros. Introduza traidores em seu país, para que a política do governo se torne vã. Fomente intrigas e traições e, desse modo, semeie dissensão entre o governante e seus ministros. Por meio de todo estratagema ardiloso, cause deterioração entre seus homens e desperdício de seu tesouro. Corrompa sua moral com presentes pérfidos que o levem ao excesso. Perturbe e desestabilize sua mente apresentando-lhe mulheres adoráveis". Chang Yü (após Wang Hsi) faz uma interpretação diferente de Sun Tzŭ aqui: "Coloque o inimigo em uma posição na qual ele obrigatoriamente deva sofrer ferimentos, e ele se submeterá por vontade própria".

e causando problemas para eles,

> Tu Mu, no entanto, parece compreendê-lo no sentido de "posses", ou, como poderíamos dizer, "recursos", que ele considera ser "um grande exército, um rico tesouro, harmonia entre os soldados, cumprimento pontual dos comandos". Isso nos concede uma vantagem sobre o inimigo.

e mantenha-nos constantemente ocupados;

> Literalmente, "transforme-os em servos". Tu Yu diz "impeça-os de ter qualquer descanso".

ofereça tentações enganosas e faça-os correr para qualquer ponto.

> A nota de Meng Shih contém um excelente exemplo do uso idiomático de: "fazê-los esquecer de *pien* (as razões para agir de forma diferente de seu primeiro impulso) e apressar-se em nossa direção".

11. A arte da guerra nos ensina a confiar, não na probabilidade de o inimigo não vir, mas na nossa prontidão para recebê-lo; não na chance de ele não atacar, mas no fato de termos tornado nossa posição inexpugnável.

12. Há cinco falhas perigosas que podem afetar um general: (1) Imprudência, que leva à destruição;

> "Bravura sem prudência", como Ts'ao Kung analisa, que faz com que um homem lute cega e desesperadamente feito um touro bravo. Esse oponente, ensina Chang Yü, "não deve ser enfrentado com força bruta,

mas pode ser atraído para uma emboscada e morto". Confira Wu Tzu, cap. IV. *ad init.*: "Ao estimar o caráter de um general, os homens costumam prestar atenção apenas à sua coragem, esquecendo que coragem é apenas uma das muitas qualidades que um general deve possuir. O homem que é apenas corajoso é propenso a lutar sem prudência; e aquele que luta de forma imprudente, sem qualquer percepção do que é oportuno, deve ser condenado". Ssu-ma Fa, também, observa incisivamente: "Apenas caminhar rumo à própria morte não traz vitória".

(2) covardia, que leva à captura;

É explicado por Ts'ao Kung sobre o homem "cuja falta de firmeza impede de avançar para aproveitar uma vantagem", e Wang Hsi acrescenta "aquele foge depressa à vista do perigo". Meng Shih oferece a paráfrase mais próxima "aquele que está determinado a retornar vivo", isto é, o homem que nunca correrá riscos. Contudo, como Sun Tzŭ sabia, nada pode ser alcançado na guerra a menos que se esteja disposto a correr riscos. T'ai Kung declarou: "Aquele que deixa uma vantagem escapar, consequentemente atrairá sobre si um verdadeiro desastre". Em 404 d.C., Liu Yu perseguiu o rebelde Huan Hsuan rio acima e lutou uma batalha naval contra ele na ilha de Ch'eng-hung. As tropas leais somavam apenas alguns milhares, enquanto seus oponentes estavam em grande número. Huan Hsuan, no entanto, temendo que o destino que estava reservado para ele se concretizasse, mandou prender um barco leve à lateral de seu junco de guerra, para que ele pudesse, se necessário, escapar a qualquer momento. O resultado natural foi que o espírito de luta de seus soldados foi completamente extinto, e quando os legalistas fizeram um ataque de barlavento com brulotes, todos se esforçando com o máximo ardor para serem os primeiros na batalha, as forças de Huan Hsuan foram derrotadas, tiveram que queimar toda a sua bagagem e fugiram por dois dias e duas noites sem parar. Chang Yü conta uma história um tanto semelhante de Chao Ying-ch'i, um general do estado de Chin que, durante uma batalha contra o exército de Ch'u em 597 a.C., tinha um barco mantido em prontidão para ele no rio, desejando, em caso de derrota, ser o primeiro a atravessar.

(3) um temperamento precipitado, que pode ser provocado por insultos;

> Tu Mu nos conta que Yao Hsing, quando em 357 d.C. sofreu oposição por Huang Mei, Têng Qiang e outros, fechou-se atrás de suas muralhas e se recusou a lutar. Têng Qiang declarou: "Nosso adversário é de temperamento colérico e facilmente provocado; vamos realizar investidas constantes e derrubar suas muralhas; então, ele ficará furioso e sairá. Uma vez que conseguirmos trazer sua força para a batalha, ela está fadada a ser nossa presa". Este plano foi posto em prática, Yao Hsiang saiu para lutar, foi atraído até San-yuan pela fuga fingida do inimigo e, por fim, atacado e morto.

(4) uma delicadeza de honra que é sensível à vergonha;

> Isso não significa que um senso de honra seja de fato um defeito em um general. O que Sun Tzŭ condena é uma suscetibilidade exagerada a calúnias, o homem sensível demais que é afetado pelo opróbrio, por mais imerecido que seja. Mei Yao-ch'en observa, embora um tanto paradoxalmente: "Aquele que busca a glória não deve se preocupar com a opinião pública".

(5) excesso de zelo por seus homens, o que o expõe a preocupações e problemas.

> Aqui, mais uma vez, Sun Tzŭ não quer dizer que o general deve ser descuidado com o bem-estar de suas tropas. Tudo o que ele deseja enfatizar é o perigo de sacrificar qualquer vantagem militar importante para o conforto imediato dos homens. Esta é uma política imediatista, pois, a longo prazo, as tropas sofrerão mais com a derrota ou, na

melhor das hipóteses, com o prolongamento da guerra, que será a consequência. Um sentimento equivocado de pena com frequência induzirá um general a socorrer uma cidade sitiada, ou a reforçar um destacamento sob pressão, contrariando seus instintos militares. Em geral, concorda-se agora que nossos repetidos esforços para socorrer Ladysmith na Guerra da África do Sul foram uma sequência de erros estratégicos que frustraram seu próprio propósito. E no final, o alívio veio através do próprio homem que começou com a distinta resolução de não mais subordinar os interesses do todo ao sentimento em favor de uma parcela. Um velho soldado de um dos nossos generais, que falhou muito ostensivamente nesta guerra, tentou certa vez, eu lembro, defendê-lo diante de mim, alegando que ele sempre foi "muito bom para seus homens". Com essa alegação, se ao menos ele soubesse, ele estava apenas condenando-o, conforme as palavras de Sun Tzŭ.

13. Estes são os cinco pecados habituais de um general, prejudiciais à condução da guerra.

14. Quando um exército é derrotado e seu líder abatido, a causa com certeza será encontrada entre essas cinco falhas perigosas. Que elas sejam tema de reflexão.

IX
EXÉRCITO EM MARCHA

> O conteúdo deste interessante capítulo é melhor indicado no § 1 do que por este título.

Sun Tzŭ declarou:

1. Chegamos agora à questão de acampar o exército e observar os sinais do inimigo. Atravesse rapidamente as montanhas e mantenha-se próximo aos vales.

> A ideia é não permanecer em terras altas e áridas, mas manter-se próximo de fontes de água e grama. Capitão Calthrop traduz "acampamento em vales", sem se importar com a frase seguinte. Conferir Wu Tzŭ, cap. 3: "Não permaneça em fornos naturais", ou seja, "nas aberturas dos vales". Chang Yü conta a seguinte anedota: "Wu-tu Qiang era capitão de um bando de salteadores na época do Han Posterior, e Ma Yuan foi enviado para exterminar sua gangue. Tendo Qiang se refugiado nas colinas, Ma Yuan não fez nenhuma tentativa de forçar uma batalha, mas tomou todas as posições favoráveis, controlando suprimentos de água e alimento. Qiang logo estava em uma situação tão desesperadora, por falta de provisões, que foi forçado a fazer uma rendição total. Ele não sabia da vantagem de se manter próximo aos vales".

2. Acampe em lugares altos,

> Não em montanhas altas, mas em colinas ou outeiros elevados acima do terreno ao redor.

de frente para o sol.

> Tu Mu entende isso como "voltado para o sul", e Ch'ên Hao como "voltado para o leste". Confira abaixo, § § 11, 13.

Não escale alturas para lutar. Isso é tudo relacionado à guerra nas montanhas.

3. Depois de atravessar um rio, você deve se afastar bastante dele.

> "Para tentar o inimigo a cruzar atrás de você", de acordo com Ts'ao Kung, e também, explica Chang Yü, "para não ter suas movimentações impedidas". O *T'ung Tien* traz: "Se *o inimigo* cruzar um rio" etc. Mas em vista da próxima frase, isso é quase com certeza uma interpolação.

4. Quando uma força invasora cruza um rio em sua marcha progressiva, não avance para encontrá-la no meio do rio. Será melhor deixar que metade do exército atravesse e, então, desferir seu ataque.

> Li Ch'üan faz alusão à grande vitória conquistada por Han Hsin sobre Lung Ch'u no rio Wei. Voltando-se para o *Qien Han Shu*, cap. 34, fol. 6 verso, encontramos a batalha descrita da seguinte forma: "Os dois exércitos acamparam em lados opostos do rio. À noite, Han Hsin ordenou que seus homens pegassem cerca de dez mil sacos cheios de areia e construíssem uma represa mais acima. Em seguida, liderando metade de seu exército, ele atacou Lung Ch'u; mas, depois de algum tempo, fingindo ter falhado em sua tentativa, rapidamente retirou-se para a outra margem. Lung Ch'u ficou muito exultante com esse sucesso

inesperado e exclamando: 'Eu tinha certeza de que Han Hsin era de fato um covarde!' ele o perseguiu e começou a cruzar o rio por sua vez. Han Hsin, neste momento, enviou um grupo para cortar os sacos de areia, liberando assim um grande volume de água, que desceu e impediu que a maior parte do exército de Lung Ch'u atravessasse. Então, ele se voltou contra a força que havia sido isolada e a aniquilou; o próprio Lung Ch'u estava entre os mortos. O restante do exército, na outra margem, também se espalhou e fugiu em todas as direções".

5. Se estiver ansioso para lutar, não deve ir ao encontro do invasor perto de um rio que ele tenha que atravessar.

Por medo de impedir sua travessia.

6. Atraque sua embarcação mais acima no rio que a do inimigo e de frente para o sol.

Ver acima, § 2. A repetição dessas palavras em conexão com a água é muito estranha. Chang Yü traz o comentário: "Dito tanto de tropas reunidas à margem do rio, quanto de barcos ancorados no próprio riacho; em ambos os casos, é essencial estar mais alto que o inimigo e de frente para o sol". Os outros comentaristas não são nem um pouco explícitos.

Não avance rio acima para enfrentar o inimigo.

Tu Mu declara: "À medida que a água flui para baixo, não devemos montar nosso acampamento nas partes mais baixas de um rio, por medo de que o inimigo abra as comportas e nos arraste embora em uma enchente. Ch'u-ko Wu-hou observou que 'na guerra fluvial não devemos avançar contra a correnteza', o que equivale a dizer que nossa frota não deve ser ancorada abaixo daquela do inimigo, pois, senão, eles seriam capazes de tirar vantagem da correnteza e acabar

> conosco rapidamente". Há também o perigo, observado por outros
> comentaristas, de que o inimigo possa jogar veneno na água para ser
> levado até nós.

Isso é tudo relacionado à guerra fluvial.

7. Ao atravessar sapais, sua única preocupação deve ser deixá-los rapidamente, sem demora.

> Por causa da falta de água doce, da má qualidade da vegetação e,
> por último, mas não menos importante, porque são terrenos baixos,
> planos e expostos a ataques.

8. Se for forçado a lutar em um sapal, deve ter água e grama por perto e ficar de costas para um grupo de árvores.

> Li Ch'üan comenta que o solo tem menos probabilidade de ser
> traiçoeiro onde há árvores, enquanto Tu Mu diz que elas servirão para
> proteger a retaguarda. Capitão Calthrop, com um gênio perfeito para
> errar, diz "na vizinhança de um pântano".

Isso é tudo relacionado a operações em sapais.

9. Em terreno seco e plano, assuma uma posição de fácil acesso

> Tu Mu a explica como "terreno que é uniforme e firme" e, portan-
> to, adaptado para cavalaria; Chang Yü como "terreno plano, livre de
> depressões e buracos". Ele acrescenta mais adiante que, embora Sun
> Tzŭ esteja discutindo um terreno plano, ainda assim haverá leves
> elevações e colinas.

com terreno em elevação à sua direita e às suas costas, para que o perigo esteja à frente, e a segurança esteja atrás. Isso é tudo relacionado a acampar em terreno plano.

10. Estes são os quatro ramos úteis do conhecimento militar:

> Aqueles, a saber, relacionados a: (1) montanhas, (2) rios, (3) pânta-
> nos e (4) planícies. Compare às *Máximas militares* de Napoleão, n.º 1.

que permitiram ao Imperador Amarelo derrotar vários soberanos.

> Mei Yao-ch'en pergunta, com alguma plausibilidade, se não é um
> erro para "exércitos", já que nada se sabe sobre Huang Ti ter derrota-
> do outros quatro Imperadores. O *Shih Chi* (cap. 1 *ad init.*) fala apenas
> de suas vitórias sobre Yen Ti e Ch'ih Yu. No *Liu T'ao* é mencionado
> que ele "travou setenta batalhas e pacificou o Império". A explicação
> de Ts'ao Kung é que o Imperador Amarelo foi o primeiro a instituir
> o sistema feudal de príncipes vassalos, cada um deles (totalizando
> quatro) originalmente tinha o título de Imperador. Li Ch'üan nos conta
> que a arte da guerra se originou sob Huang Ti, que a recebeu de seu
> Ministro Feng Hou.

11. Todos os exércitos preferem terrenos elevados a baixos,

> "Terreno elevado", diz Mei Yao-ch'en, "não é apenas mais agradável
> e salubre, mas também mais conveniente do ponto de vista militar;
> terreno baixo não é apenas úmido e insalubre, mas também desvan-
> tajoso para a luta."

e lugares ensolarados a escuros.
12. Se você for cuidadoso com seus homens,

> Ts'ao Kung diz: "Procure água fresca e pasto, onde possam soltar
> seus animais para pastar".

e acampar em terreno firme, o exército estará livre de doenças de todo tipo,

> Chang Yü diz: "O clima seco evitará o surgimento de doenças".

e isso significará vitória.

13. Quando chegar a uma colina ou a um declive, ocupe o lado ensolarado, com a inclinação à sua retaguarda direita. Assim, ao mesmo tempo estará agindo para o benefício de seus soldados e utilizará as vantagens naturais do solo.

14. Quando, em consequência de fortes chuvas no interior, um rio que você deseja atravessar a vau estiver cheio e salpicado de espuma, deve esperar até que ele baixe.

15. Territórios onde há penhascos íngremes com torrentes correndo entre eles, profundas cavidades naturais,

> Este último explicado como: "lugares cercados por todos os lados por barrancos íngremes, com poças de água no fundo".

lugares confinados,

> Definido "currais ou prisões naturais" explicados como: "lugares cercados por precipícios em três lados — fáceis de entrar, mas difíceis de sair".

matagais emaranhados,

> Explicado como "lugares cobertos com vegetação rasteira tão densa que não é possível usar lanças".

atoleiros

> Explicado como "lugares baixos, tão cheios de lama que eram intransitáveis para carros e cavaleiros".

e fendas,

> É explicado por Mei Yao-ch'en como: "um caminho estreito e difícil entre penhascos altos", mas Ts'ao Kung diz: que parece denotar algo em uma escala muito menor. A nota de Tu Mu é: "terreno coberto de árvores e pedras e entrecortado por inúmeras ravinas e armadilhas". Isso é muito vago, mas Chia Lin explica com clareza suficiente como sendo um desfiladeiro ou passagem estreita: e Chang Yü tem a mesma opinião. No geral, a maioria dos comentaristas com certeza tende à tradução "desfiladeiro".

devem ser deixados o mais depressa possível e não abordados.

16. Enquanto nos mantemos afastados de tais lugares, devemos fazer com que o inimigo se aproxime deles; enquanto nos posicionamos de frente para eles, devemos deixar que o inimigo os tenha na retaguarda.

17. Se nas proximidades do seu acampamento houver alguma região montanhosa, lagoas cercadas por capim aquático, reservatórios cheios de juncos ou bosques com vegetação rasteira espessa, eles devem ser cuidadosamente vasculhados e revistados; pois são lugares onde homens em emboscada ou espiões traiçoeiros provavelmente estarão à espreita.

> Chang Yü traz a observação: "Também devemos estar atentos contra traidores que podem estar escondidos, espionando em segredo nossas fraquezas e ouvindo nossas instruções".

18. Quando o inimigo está próximo e permanece quieto, ele está confiando na força natural de sua posição.

> Aqui começam os comentários de Sun Tzŭ sobre a leitura de sinais, muitos dos quais são tão bons que quase poderiam ser incluídos em um manual moderno como *Aids to Scouting* do general Baden-Powell.

19. Quando ele se mantém distante e tenta provocar uma batalha, fica ansioso para que o outro lado avance.

> Provavelmente porque estamos em uma posição forte da qual ele deseja nos desalojar. "Se ele se aproximasse de nós", afirma Tu Mu, "e tentasse forçar uma batalha, pareceria nos desprezar, e haveria menos probabilidade de respondermos ao desafio."

20. Se o local de acampamento for de fácil acesso, ele está lançando uma isca.

21. Movimento entre as árvores de uma floresta indica que o inimigo está avançando.

> Ts'ao Kung explica que isso significa "derrubando árvores para abrir caminho", e Chang Yü diz: "Todo homem envia batedores para escalar lugares altos e observar o inimigo. Se um batedor vê que as árvores de uma floresta estão se movendo e tremendo, ele pode entender que elas estão sendo derrubadas para abrir passagem para a marcha do inimigo".

O aparecimento de várias telas no meio da grama alta significa que o inimigo quer nos deixar desconfiados.

> Sempre que o significado de uma passagem é um tanto evasivo, capitão Calthrop parece considerar livre para dar soltar as rédeas da imaginação. Desse modo, embora seu texto aqui seja idêntico ao nosso, ele traduz o de cima como: "Galhos quebrados e grama pisada, como após a passagem de uma grande hoste, devem ser considerados com suspeita". A explicação de Tu Yu, emprestada de Ts'ao Kung, é a seguinte: "A presença de várias telas ou abrigos no meio de uma vegetação densa é um sinal claro de que o inimigo fugiu e, temendo perseguição, construiu esses esconderijos para nos fazer suspeitar de

uma emboscada". Parece que essas "telas" eram rapidamente trança-
das com qualquer grama alta que o inimigo em retirada encontrasse.

22. O levantar voo dos pássaros é sinal de uma emboscada.

A explicação de Chang Yü está, sem dúvida, correta: "Quando pássaros que estão voando em linha reta, de repente, disparam para o alto,
significa que soldados estão emboscados no local abaixo".

Animais assustados indicam que um ataque repentino está
chegando.

23. Quando há poeira se erguendo em uma coluna alta, é sinal
de que carros estão avançando; quando a poeira está baixa, mas es-
palhada por uma área ampla, é sinal da aproximação de infantaria.

"Alta e pontiaguda" ou se elevando em um pico, é claro, é um tanto
exagerado quando aplicado à poeira. Os comentaristas explicam o
fenômeno dizendo que cavalos e carruagens, sendo mais pesados que
homens, levantam mais poeira, e também seguem uns aos outros no
mesmo trilho de rodas, enquanto soldados de infantaria marchariam
em muitas fileiras lado a lado. De acordo com Chang Yü, "todo exército
em marcha deve ter batedores um pouco à frente que, ao avistarem
a poeira levantada pelo inimigo, galoparão de volta e relatarão ao
comandante-chefe". Compare a general Baden-Powell: "À medida que
avança, digamos, em um país hostil, seus olhos devem estar buscando
ao longe o inimigo ou quaisquer sinais dele: figuras, poeira subindo,
pássaros alçando voo, fulgor de armas, etc".[86]

Quando se ramifica em direções diferentes, mostra que grupos
foram enviados para coletar lenha. Algumas nuvens de poeira se mo-
vendo para frente e para trás indicam que o exército está acampando.

---

[86] *Aids to Scouting*, p. 26.

Chang Yü afirma: "Ao distribuir as defesas para um acantonamento, cavalos leves serão enviados para inspecionar a posição e verificar os pontos fracos e fortes ao longo de sua circunferência. Daí a pequena quantidade de poeira e seu movimento".

24. Palavras humildes e preparativos intensificados são sinais de que o inimigo está prestes a avançar.

"Como se tivessem muito medo de nós", diz Tu Mu. "O objetivo deles é nos tornar desdenhosos e descuidados, para depois nos atacarem." Chang Yü faz alusão à história de T'ien Tan do estado Ch'i, que em 279 a.C. foi duramente pressionado em sua defesa de Ch'i-mo contra as forças Yen, lideradas por Ch'i Chieh. No capítulo 82 do *Shih Chi*, lemos: "T'ien Tan falou abertamente: 'Meu único medo é que o exército Yen corte os narizes de seus prisioneiros Ch'i e os coloque na linha de frente para lutar contra nós; isso seria a ruína de nossa cidade'. O outro lado, sendo informado deste discurso, imediatamente agiu de acordo com a sugestão; mas os que estavam dentro da cidade ficaram enfurecidos ao ver seus compatriotas mutilados dessa maneira e temendo apenas que cair nas mãos do inimigo, foram encorajados a se defender mais obstinadamente do que nunca. Mais uma vez, T'ien Tan enviou de volta espiões convertidos que relataram as seguintes palavras ao inimigo: 'O que mais temo é que os homens de Yen possam desenterrar os túmulos ancestrais fora da cidade e, ao infligir esta indignidade aos nossos antepassados, enfraqueçam nosso coração'. Imediatamente, os sitiantes desenterraram todas as sepulturas e queimaram os cadáveres que jaziam nelas. E os habitantes de Chi-mo, testemunhando o ultraje das muralhas da cidade, choraram ardentemente e estavam todos impacientes para sair e lutar, sua fúria tendo sido aumentada em dez vezes. T'ien Tan soube naquele momento que seus soldados estavam preparados para qualquer inciativa. Contudo, em vez de uma espada, ele próprio pegou uma enxada em suas mãos e ordenou que outras fossem distribuídas entre seus melhores guerreiros, enquanto as fileiras eram preenchidas com suas esposas e concubinas. Em seguida, ele mandou servir todas as rações restantes e ordenou que seus homens comessem até se fartarem. Os soldados regulares foram instruídos a permanecerem escondidos, e as muralhas foram guarnecidas com os homens mais velhos e fracos e com mulheres. Feito isso, emissários foram despachados para o acampamento inimigo para combinar os termos de rendição, após o que o exército Yen começou a gritar de alegria. T'ien Tan também coletou cerca de seiscentos quilos de prata do povo e fez com que os cidadãos ricos de Chi-mo as enviassem ao general Yen com o pedido de que, quando a cidade capitulasse, ele não permitisse que suas casas fossem saqueadas ou que suas mulheres fossem maltratadas. Ch'i Chieh, de muito bom humor, atendeu ao pedido; mas seu exército agora estava ficando cada vez mais relaxado e descuidado. Enquanto isso, T'ien Tan reuniu mil bois, enfeitou-os com pedaços de seda vermelha, pintou seus corpos como dragões, com listras coloridas, e prendeu lâminas afiadas em seus chifres e juncos cobertos com óleo em seus rabos. Quando a noite chegou, ele acendeu as pontas dos juncos, e conduziu os bois através de uma série de buracos que ele havia aberto nas muralhas, acompanhados por uma tropa de 5 mil guerreiros selecionados. Os animais, enlouquecidos de dor, avançaram furiosamente para o acampamento do inimigo, onde causaram a maior confusão e consternação; pois seus rabos agiam como tochas, revelando o padrão hediondo em seus corpos, e as armas em seus chifres matavam ou feriam qualquer um com quem entrassem em contato. Enquanto isso, o bando de 5 mil se esgueirou com mordaças nas bocas e, nesse momento, atirou-se sobre o inimigo. No mesmo momento, um estrondo medonho se elevou na própria cidade, todos os que tinham ficado para trás fazendo o máximo de barulho possível, batendo tambores e martelando vasos de bronze, até que o céu e a terra ficaram abismados com o tumulto. Aterrorizado, o exército Yen fugiu desordenadamente, perseguido com ferocidade pelos homens de Ch'i, que conseguiram matar seu general Ch'i Chien... O resultado

> da batalha foi a recuperação definitiva de cerca de setenta cidades que pertenciam ao Estado de Ch'i".

Linguagem violenta e avanço como se fosse atacar são sinais de que vai recuar.

25. Quando as carruagens leves saem primeiro e se posicionam nas alas laterais, é sinal de que o inimigo está se preparando para a batalha.

26. Propostas de paz sem um pacto juramentado indicam uma conspiração.

> Li Ch'üan define como "um tratado confirmado por juramentos e reféns". Wang Hsi e Chang Yü, por outro lado, apenas dizem "sem razão", "com um pretexto frívolo".

27. Quando há muita correria,

> Todos os homens correndo para seus devidos lugares abaixo do estandarte do próprio regimento.
>
> e os soldados se alinham, significa que o momento crítico chegou.

28. Quando alguns são vistos avançando e outros recuando, é uma isca.

29. Quando os soldados se apoiam em suas lanças, eles estão fracos por falta de comida.

30. Se aqueles que são enviados para pegar água começam a beber eles mesmos, o exército está sofrendo de sede.

> Como Tu Mu observa: "É possível saber a condição de um exército inteiro pelo comportamento de um único homem".

31. Se o inimigo vê uma vantagem a ser obtida e não faz nenhum esforço para garanti-la, seus soldados estão exaustos.

32. Se os pássaros se reúnem em algum lugar, ele está desocupado.

> Um fato útil para ter em mente quando, por exemplo, como diz Ch'ên Hao, o inimigo secretamente abandonou seu acampamento.

Clamor à noite indica nervosismo.

> Devido a alarmes falsos; ou como explica Tu Mu: "O medo deixa os homens inquietos; por isso eles começam a gritar à noite para manter a coragem".

33. Se houver perturbação no acampamento, a autoridade do general é fraca. Se as bandeiras e estandartes forem movidos, há um motim em andamento. Se os oficiais enraivecidos, quer dizer que os homens estão cansados.

> E, portanto, como explica capitão Calthrop, demoram para obedecer. Tu Yu compreende a frase de forma diferente: "Se todos os oficiais de um exército estão com raiva de seu general, isso significa que estão mortos de cansaço" (por causa dos esforços que exigiu deles).

34. Quando um exército alimenta seus cavalos com grãos e mata seu gado para se alimentar,

> No curso normal das coisas, os homens seriam alimentados com grãos e os cavalos, principalmente, com capim.

e quando os homens não penduram suas panelas acima das fogueiras, mostrando que não retornarão às suas tendas, sabe-se que estão determinados a lutar até a morte.

Posso citar aqui a passagem exemplificativa do *Hou Han Shu*, capítulo 71, fornecida de forma abreviada pelo *P'ei Wen Yun Fu*: "O rebelde Wang Kuo de Liang estava sitiando a cidade de Ch'en-ts'ang, e Huang-fu Sung, que estava no comando supremo, e Tung Cho foram enviados contra ele. Este último pressionou por medidas precipitadas, porém, Sung não deu ouvidos ao seu conselho. Por fim, os rebeldes ficaram completamente exaustos e começaram a atirar suas armas no chão por conta própria. Sung não avançou para o ataque, mas Cho declarou: 'É um princípio da guerra não perseguir homens desesperados e não pressionar um exército em retirada'. Sung respondeu: 'Isso não se aplica aqui. O que estou prestes a atacar é um exército cansado, não um exército em retirada; com tropas disciplinadas irei me lançar sobre uma multidão desorganizada, não um bando de homens desesperados'. Após isso, avançou ao ataque sem o apoio de seu colega e derrotou o inimigo; Wang Kuo foi abatido".

35. A visão de homens sussurrando em pequenos grupos ou falando com voz baixa indica descontentamento entre as fileiras de soldados.

36. Recompensas frequentes demais indicam que o inimigo está no fim de seus recursos;

Porque, quando um exército está sob forte pressão, como explica Tu Mu, sempre há medo de motim, e recompensas generosas são dadas para manter os homens de bom humor.

punições em demasia revelam uma condição de extrema aflição.

Porque nesse caso a disciplina é afrouxada, e uma severidade incomum é necessária para manter os homens na linha.

37. Começar com arrogância e depois se assustar com o número de inimigos demonstra suprema falta de inteligência.

> Sigo a interpretação de Ts'ao Kung: também adotada por Li Ch'üan, Tu Mu e Chang Yü. Outro sentido possível, estabelecido por Tu Yu, Chia Lin, Mei Tao-ch'en e Wang Hsi, é: "O general que primeiro é tirânico com seus homens e, depois, aterrorizado, temendo que eles se amotinem etc". Isso conectaria a frase com o que foi dito antes sobre recompensas e punições.

38. Quando emissários são enviados com elogios na boca, é sinal de que o inimigo deseja uma trégua.

> Tu Mu afirma: "Se o inimigo abre relações amistosas enviando reféns, é um sinal de que ele está ansioso por um armistício, seja porque suas forças estão esgotadas ou por algum outro motivo".

39. Se as tropas inimigas se aproximam furiosas e permanecem encarando as nossas por muito tempo sem entrar em batalha ou recuar de novo, a situação exige grande vigilância e circunspecção.

> Conforme Ts'ao Kung aponta, uma manobra desse tipo só pode ser um ardil para ganhar tempo para um ataque inesperado pela lateral ou para armar uma emboscada.

40. Se nossas tropas não forem maiores em número que as do inimigo, é mais que suficiente; significa apenas que nenhum ataque direto pode ser feito.

> Literalmente, "nenhum avanço marcial". Ou seja, táticas *chêng* e ataques frontais devem ser evitados e, em vez disso, deve-se recorrer à estratégia.

O que podemos fazer é simplesmente concentrar toda a nossa força disponível, manter uma vigilância rigorosa sobre o inimigo e obter reforços.

Esta é uma frase obscura, e nenhum dos comentaristas conseguiu extrair um sentido muito bom dela. Eu acompanho Li Ch'üan, que parece oferecer a explicação mais simples: "Somente o lado que conseguir mais homens vencerá". A nota de Ts'ao Kung, concisa como sempre, beirando a incompreensibilidade, é: Felizmente, temos Chang Yü para nos explicar seu significado em uma linguagem que é a própria lucidez: "Quando os números são iguais, e nenhuma abertura favorável se apresenta, embora possamos não ser fortes o bastante para realizar um ataque prolongado, podemos encontrar recrutas adicionais entre nossos mercadores e seguidores do acampamento, e depois, concentrando nossas forças e mantendo vigilância constante sobre o inimigo, planejar para arrebatar a vitória. Mas devemos evitar pegar emprestado soldados estrangeiros para nos auxiliar". Ele, então, cita Wei Liao Tzu, cap 3: "A força nominal das tropas mercenárias pode ser de 100 mil, mas seu verdadeiro valor não passará da metade desse número".

41. Aquele que não executa nenhum planejamento, mas faz pouco caso de seus oponentes, certamente será capturado por eles.

Ch'ên Hao diz, citando o *Tso Chuan*: "Se abelhas e escorpiões possuem veneno, ainda mais um Estado hostil! Mesmo um oponente insignificante, portanto, não deve ser tratado com desprezo".

42. Se os soldados forem punidos antes de se afeiçoarem a você, não se mostrarão submissos; e a menos que sejam submissos, serão praticamente inúteis. Se quando os soldados se afeiçoarem a você, as punições não forem aplicadas, ainda serão inúteis.

43. Portanto, os soldados devem ser tratados em primeiro lugar com humanidade, porém, devem ser mantidos sob controle por meio de disciplina férrea.

Yen Tzŭ (morto 493 a.C.) falou sobre Ssŭ-ma Jang-chü: "Suas virtudes civis o tornaram amado pelo povo; sua destreza marcial manteve seus inimigos assombrados". Compare com Wu Tzu, capítulo 4 *init*.: "O comandante ideal une cultura a um temperamento guerreiro; a profissão das armas requer uma combinação de dureza e ternura".

Este é um caminho certo para a vitória.

44. Se, no treinamento de soldados, os comandos forem impostos de forma habitual, o exército será bem disciplinado; caso contrário, sua disciplina será fraca.

45. Se um general demonstrar confiança em seus homens, mas sempre insistir que suas ordens sejam obedecidas,

> Tu Mu afirma: "Um general deve, em tempos de paz, mostrar confiança gentil em seus homens e também fazer com que sua autoridade seja respeitada, para que, quando enfrentarem o inimigo, as ordens possam ser executadas e a disciplina mantida, porque todos confiam nele e o admiram". O que Sun Tzǔ orienta no § 44, no entanto, levaria alguém a esperar algo como: "Se um general está sempre confiante de que suas ordens serão executadas etc.".

o ganho será mútuo.

> Chang Yü explica: "O general confia nos homens sob seu comando, e os homens são dóceis, tendo confiança nele. Assim, o ganho é mútuo". Ele cita uma frase importante de Wei Liao Tzu, capítulo 4: "A arte de dar ordens é não tentar retificar pequenos erros e não ser influenciado por dúvidas insignificantes". A vacilação e a agitação são os meios mais seguros de minar a confiança de um exército.

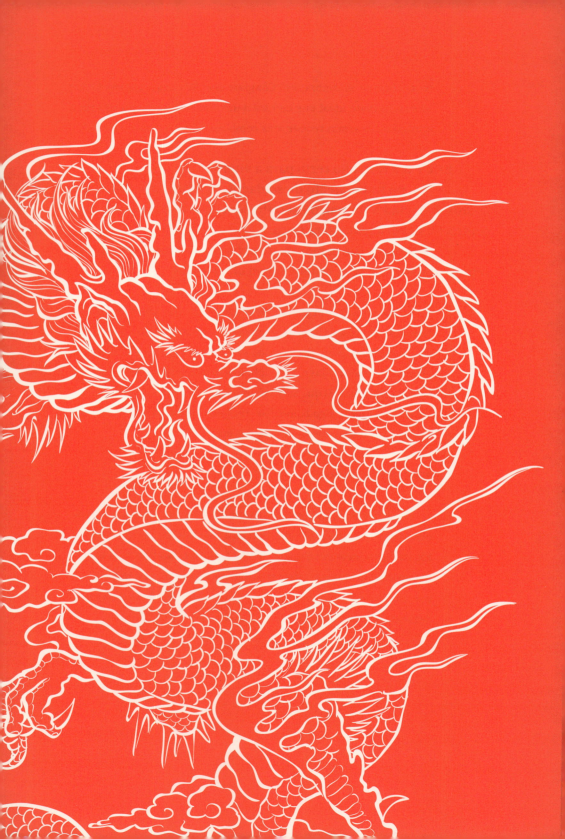

CAPÍTULO X

TIPOS DE TERRENO

Apenas cerca de um terço do capítulo, compreendendo §§ 1-13, trata de "terreno", o tema sendo tratado com mais detalhes no capítulo XI. As "seis calamidades" são discutidas entre §§ 14-20, e o restante do capítulo é, mais uma vez, apenas uma sequência de observações desconexas, embora não menos interessantes, talvez, por esse motivo.

1. Sun Tzŭ disse: Podemos distinguir seis tipos de terreno, a saber: (1) Terreno acessível;

Mei Yao-ch'ên explica: "abundante em estradas e meios de comunicação".

(2) terreno enredante;

O mesmo comentarista diz: "terreno semelhante a uma rede, no qual, caso você se aventure, acaba enredado".

(3) terreno de protelação;

Terreno que permite "evitar" ou "atrasar".

(4) passagens estreitas; (5) alturas íngremes; (6) posições a uma grande distância do inimigo.

> É quase desnecessário apontar como classificação é a falha. Revela-se uma estranha falta de percepção lógica na aceitação inquestionável do chinês de classificações cruzadas gritantes como as acima.

2. O terreno que pode ser atravessado livremente por ambos os lados é chamado de *acessível*.

3. Em terrenos dessa natureza, ocupe os pontos elevados e ensolarados antes do inimigo e proteja zelosamente sua linha de suprimentos.

> O sentido geral da última frase é, sem dúvida, como diz Tu Yu: "não permitir que o inimigo interrompa suas comunicações". Tu Mu, que não era um soldado e dificilmente poderia ter tido qualquer experiência prática de batalha, entra em mais detalhes e fala em proteger a linha de comunicações com uma muralha, ou cercá-la com diques de cada lado! Em vista da máxima de Napoleão: "o segredo da guerra está nas comunicações",[87] desejaríamos que Sun Tzŭ tivesse feito mais do que rodear este importante assunto aqui e em I, § 10 e VII, § 11. Coronel Henderson afirma: "Pode-se dizer que a linha de suprimento é tão vital para a existência de um exército quanto o coração é para a vida de um ser humano. Assim como o duelista que descobre que a ponta de seu adversário o ameaça com morte certa e a própria guarda foi desviada é compelido a se submeter aos movimentos de seu adversário e a se contentar em desviar os ataques, assim também o comandante cujas comunicações são repentinamente ameaçadas se encontra em uma posição falsa e terá sorte se não tiver que mudar todos os seus planos, dividir sua força em destacamentos mais ou menos isolados e lutar com números inferiores em terreno que não teve tempo de

---

[87] Ver *Pensées de Napoléon Ier*, no. 47.

preparar e onde a derrota não será um fracasso comum, mas implicará na derrocada ou rendição de todo o seu exército".[88]

Então você poderá lutar com vantagem.

4. Terreno que pode ser abandonado, mas é difícil de ser retomado, é chamado de *enredante*.

5. De uma posição desse tipo, se o inimigo estiver despreparado, é possível atacar e derrotá-lo. Mas se o inimigo estiver preparado para sua chegada, e você falhar em derrotá-lo, então, se o retorno for impossível, ocorrerá o desastre.

6. Quando a posição é tal que nenhum dos lados ganha ao fazer o primeiro movimento, isso é chamado de terreno de *protelação*.

> Tu Yu diz: "Cada lado considera inconveniente se mover, e a situação permanece em um impasse".

7. Em uma posição desse tipo, mesmo que o inimigo nos ofereça uma isca atraente,

> Tu Yu diz: "virando as costas para nós e fingindo fugir". Mas esta é apenas uma das iscas que podem nos induzir a abandonar nossa posição.

será aconselhável não avançar, mas recuar, atraindo dessa forma o inimigo, por sua vez; desse modo, quando parte de seu exército tiver avançado, poderemos realizar nosso ataque com vantagem.

8. Com relação a *passagens estreitas*, se conseguir ocupá-las primeiro, guarneça-as fortemente e aguarde a chegada do inimigo.

---

[88] *The Science of War*, cap. 2.

> Porque então, como Tu Yu observa: "a iniciativa será nossa, e, ao fazer ataques repentinos e inesperados, teremos o inimigo à nossa mercê".

9. Caso o inimigo o impeça de ocupar uma passagem, não o persiga caso ela esteja totalmente guarnecida, somente se estiver fracamente guarnecida.

10. Com relação às *alturas íngremes*, caso você esteja à frente de seu adversário, deve ocupar os pontos elevados e ensolarados, e lá esperar que ele suba.

> Ts'ao Kung diz: "A vantagem específica de assegurar posições elevadas e desfiladeiros é que suas ações não poderão ser ditadas pelo inimigo". (Para a enunciação do grande princípio aludido, ver VI, § 2.) Chang Yü conta a seguinte anedota de P'ei Hsing-chien (619-682 d.C.), que foi enviado em uma expedição punitiva contra as tribos turcas: "À noite, ele montou seu acampamento como de costume, e já estava totalmente fortificado com muro e fosso, quando de repente deu ordens para que o exército transferisse seus acampamento para uma colina próxima. Isso desagradou muito seus oficiais, que protestaram em voz alta contra a fadiga extra que acarretaria aos homens. P'ei Hsing-chien, no entanto, não deu atenção às suas reclamações e fez o acampamento se mover o mais rápido possível. Na mesma noite, uma tempestade terrível chegou, que inundou seu local anterior de acampamento a uma profundidade de mais de três metros. Os oficiais recalcitrantes ficaram espantados diante disso e admitiram que estavam errados. 'Como sabia o que ia acontecer?', perguntaram. P'ei Hsing-chien respondeu: 'De agora em diante, contentem-se em obedecer ordens sem fazer perguntas desnecessárias'. (Ver *Chiu T'ang Shu*, cap. 84, fol. 12 rº, e *Hsin T'ang Shu*, cap. 108, fol. 5 vo.] A partir disso, pode-se ver", continua Chang Yü, "que lugares altos e ensolarados são vantajosos não apenas para lutar, mas também porque são imunes a inundações desastrosas".

11. Se o inimigo as ocupou antes de você, não o siga, mas recue e tente atraí-lo para fora.

> O ponto de virada da campanha de Li Shih-min em 621 d.C. contra os dois rebeldes, Tou Chien-tê, rei de Hsia, e Wang Shih-ch'ung, príncipe de Chêng, foi sua tomada dos pontos elevados de Wu-lao, apesar disso, Tou Chien- tê persistiu em sua tentativa de auxiliar seu aliado em Lo-yang, foi derrotado e feito prisioneiro. (Ver *Chiu T'ang Shu*, capítulo 2, fol. 5 verso, e também cap. 54.)

12. Se estiver situado a uma grande distância do inimigo, e a força dos dois exércitos for igual, não será fácil provocar uma batalha,

> O ponto, é claro, é que não devemos pensar em empreender uma marcha longa e cansativa, ao final da qual "estaremos exaustos e nosso adversário estará descansado e alerta".

e lutar será uma desvantagem para você.

13. Esses seis são os princípios conectados com Terra.

> Ou talvez, "os princípios relativos ao terreno". Ver, no entanto, I, § 8.

O general que alcançou um posto de responsabilidade deve ter o cuidado de estudá-los.

14. Ora, um exército está exposto a seis calamidades diversas, não decorrentes de causas naturais, mas de falhas pelas quais o general é responsável. Estas são: 1) Fuga; 2) Insubordinação; 3) Colapso; 4) Ruína; 5) Desorganização; 6) Derrota.

15. Sendo todas as outras condições iguais, se uma força for lançada contra outra dez vezes maior, o resultado será a *fuga* da primeira.

16. Quando os soldados comuns são fortes demais e seus oficiais fracos demais, o resultado é a *insubordinação*.

Tu Mu cita o caso infeliz de T'ien Pu (*Hsin T'ang Shu*, cap. 148) que foi enviado a Wei em 821 d.C. com ordens de liderar um exército contra Wang T'ing-ts'ou. No entanto, durante todo o tempo em que esteve no comando, seus soldados o trataram com o maior desprezo e abertamente desrespeitaram sua autoridade andando pelo acampamento montados em jumentos, vários milhares por vez. T'ien Pu não tinha poder para pôr fim a essa conduta e, quando, depois de alguns meses, tentou enfrentar o inimigo, suas tropas viraram as costas e se dispersaram para todas as direções. Depois disso, o infeliz cometeu suicídio cortando a garganta.

Quando os oficiais são fortes demais e os soldados comuns fracos demais, o resultado é o *colapso*.

Ts'ao Kung declara: "Os oficiais são vigorosos e desejam continuar, os soldados comuns são fracos e desfalecem de repente".

17. Quando os oficiais superiores estão furiosos e insubordinados e, ao encontrarem o inimigo, atacam por conta própria, por um sentimento de ressentimento, antes que o comandante possa dizer se está ou não em condição de lutar, o resultado é a *ruína*.

A nota de Wang Hsi é: "Isso significa que o general está enraivecido sem motivo e, ao mesmo tempo, não valoriza a capacidade de seus oficiais subordinados; desse modo, desperta um ressentimento feroz e atrai uma avalanche de ruína sobre a própria cabeça".

18. Quando o general é fraco e não tem autoridade; quando suas ordens não são claras e precisas;

Wei Liao Tzu (cap. 4) afirma: "Se o comandante der suas ordens com confiança, os soldados não esperarão para ouvi-las uma segunda vez; se seus movimentos forem feitos sem vacilação, os soldados não terão dúvidas quanto a cumprir seu dever". O general Baden-Powell escreve, enfatizando as palavras: "O segredo para obter um trabalho bem-sucedido de seus homens treinados resume-se um detalhe: a clareza das instruções que eles recebem".[89] Supondo que instruções claras geram confiança, isso é exatamente o que Wei Liao Tzŭ (loc. cit.) acrescenta: [conferir também Wu Tzu capítulo 3] "o defeito mais fatal em um líder militar é a diferença; as piores calamidades que acontecem a um exército surgem da hesitação".

quando não há deveres fixos atribuídos a oficiais e soldados,

> Tu Mu diz: "Nem oficiais nem soldados têm uma rotina regular".

e as fileiras são formadas de forma desleixada e aleatória, o resultado é a completa *desorganização*.

19. Quando um general, incapaz de estimar a força do inimigo, permite que uma força menor enfrente uma maior, ou envia um destacamento fraco contra um poderoso, e negligencia colocar soldados selecionados na primeira fila, o resultado deve ser uma derrota.

> Chang Yü parafraseia a última parte da frase: "Sempre que houver um combate a ser travado, os espíritos mais ardentes devem ser designados para servir nas linhas de frente, tanto para fortalecer a resolução de nossos próprios homens quanto para desmoralizar o inimigo". Conferir *primi ordines* de César (*De Bello Gallico*, V, 28, 44, et al.).

20. Estas são seis maneiras de cortejar a derrota, que devem ser cuidadosamente observadas pelo general que alcançou um posto de responsabilidade.

> Ver acima, § 13.

---

[89] *Aids to Scouting*, p. xii.

21. A característica natural do terreno é a melhor aliada do soldado;

> Ch'ên Hao declara: "As vantagens de clima e estação não são iguais às relacionadas ao terreno".

Mas o poder de avaliar o adversário, de controlar as forças da vitória, e de calcular astutamente as dificuldades, os perigos e as distâncias, constituem o teste de um grande general.

22. Aquele que conhece essas coisas, e ao lutar coloca seu conhecimento em prática, vencerá suas batalhas. Aquele que não as conhece, nem as pratica, sem dúvida será derrotado.

23. Se lutar com certeza resultará em vitória, então, deve lutar, mesmo que o governante proíba; se lutar não for resultar em vitória, então, não deve lutar, mesmo que o governante ordene.

> Conferir VIII, § 3 final. Diz-se que Huang Shih-kung da dinastia Ch'in, que dizem ter sido patrono de Chang Liang e escreveu o *San Lueh*, tem estas palavras atribuídas a ele: "A responsabilidade de pôr um exército em movimento deve recair somente sobre o general; se o avanço e a retirada forem controlados do palácio, resultados brilhantes dificilmente serão alcançados. Portanto, o governante divino e o monarca iluminado se contentam em desempenhar um papel humilde na promoção da causa de seu país (literalmente, ajoelhar-se para empurrar a roda da carruagem)". Isso significa que: "em questões que estão fora da zenana, a decisão do comandante militar deve ser absoluta". Chang Yü também cita o ditado: "Decretos do Filho do Céu não penetram os limites de um acampamento".[90]

24. O general que avança sem cobiçar a fama e recua sem temer a desgraça,

---

[90] *Maximes de Guerre*, no. 72.

Foi Wellington, creio eu, quem declarou que a coisa mais difícil para um soldado é recuar.

cujo único pensamento é proteger seu país e prestar bons serviços ao seu soberano, é a joia do reino.

Um nobre pressentimento, em poucas palavras, do "guerreiro feliz" chinês. Um homem assim, afirma Ho Shih, "mesmo que tivesse que sofrer punição, não se arrependeria de sua conduta".

25. Considere seus soldados como seus filhos, e eles o seguirão até os vales mais profundos; considere-os seus próprios filhos amados, e ficarão ao seu lado até a morte.

Conferir I, § 6. A este respeito, Tu Mu nos descreve uma imagem envolvente do famoso general Wu Ch'i, de cujo tratado sobre a guerra tive a oportunidade de citar com frequência: "Ele usava as mesmas roupas e comia a mesma comida que o mais humilde de seus soldados, recusava-se a ter um cavalo para montar ou uma esteira para dormir, carregava as próprias rações excedentes embrulhadas em um pacote e compartilhava todas as dificuldades com seus homens. Um de seus soldados estava sofrendo de um abscesso, e o próprio Wu Ch'i sugou o vírus. A mãe do soldado, ouvindo isso, começou a chorar e lamentar. Alguém perguntou a ela, falando: 'Por que chora? Seu filho é apenas um soldado comum, e ainda assim o próprio comandante-chefe sugou o veneno de sua ferida.' A mulher respondeu: 'Muitos anos atrás, o senhor Wu realizou serviço semelhante pelo meu marido, que nunca mais o deixou depois disso e, por fim, encontrou a morte nas mãos do inimigo. E agora que ele fez o mesmo por meu filho, ele também perecerá lutando eu não sei onde'". Li Ch'üan menciona o visconde de Ch'u, que invadiu o pequeno estado de Hsiao durante o inverno. O duque de Shen falou para ele: "Muitos dos soldados estão sofrendo severamente com o frio". Por isso, ele fez uma ronda por todo o exército, confortando e encorajando os homens; e imediatamente eles sentiram como se estivessem vestidos com roupas forradas com seda.

26. Se, no entanto, for indulgente, porém, incapaz de impor sua autoridade; bondoso, porém, incapaz de impor suas ordens; e além disso, incapaz de reprimir a desordem, então, seus soldados devem ser comparados a crianças mimadas; eles são inúteis para qualquer propósito prático.

Li Ching disse certa vez que se conseguisse fazer seus soldados temerem-no, eles não teriam medo do inimigo. Tu Mu relembra um caso de disciplina militar severa que ocorreu em 219 d.C., quando Lü Mêng estava ocupando a cidade de Chiang-ling. Ele tinha dado ordens rigorosas a seu exército para não molestar os habitantes nem pegar nada deles à força. No entanto, um oficial servindo sob sua bandeira, que por acaso era um conterrâneo, arriscou se apropriar de um chapéu de bambu que pertencia a uma das pessoas, a fim de usá-lo por cima do capacete regulamentar para se proteger da chuva. Lü Mêng considerou que o fato de ele também ser nativo de Ju-nan não deveria servir como atenuante para uma clara violação de disciplina e, por conseguinte, ele ordenou sua execução sumária, apesar das lágrimas que rolavam por seu rosto ao fazê-lo. Este ato de severidade encheu o exército de saudável temor e, daquele momento em diante, nem mesmo artigos largados na estrada eram recolhidos.

27. Se sabemos que nossos homens estão em condições de atacar, mas não sabemos que o inimigo não está aberto a ataques, teremos percorrido apenas metade do caminho rumo à vitória.

Isto é, diz Ts'ao Kung, "a questão neste caso é incerta".

28. Se sabemos que o inimigo está aberto ao ataque, mas não sabemos que nossos próprios homens não estão em condições de atacar, teremos percorrido apenas metade do caminho rumo à vitória.

> Conferir III. § 13 (1).

29. Se sabemos que o inimigo está aberto a ataques, e também sabemos que nossos homens estão em condições de atacar, mas não temos noção que a natureza do terreno torna o combate impraticável, ainda assim, percorremos apenas metade do caminho rumo à vitória.

30. Portanto, o soldado experiente, uma vez em movimento, nunca fica confuso; depois que ergue acampamento, nunca fica perdido.

> A razão, de acordo com Tu Mu, é o fato de ele ter tomado todas as medidas necessárias para garantir a vitória de antemão meticulosamente. "Ele não se move de forma imprudente", declara Chang Yü, "por isso, quando ele se move, não comete erros".

31. Daí a máxima: se você conhece o inimigo e conhece a si mesmo, não haverá dúvida de sua vitória; se você conhece o Céu e conhece a Terra, pode tornar sua vitória completa.

> Li Ch'üan resume da seguinte forma: "Conhecendo três coisas: dos negócios dos homens, das estações do céu e das vantagens naturais da terra, a vitória sempre coroará suas batalhas".

XI

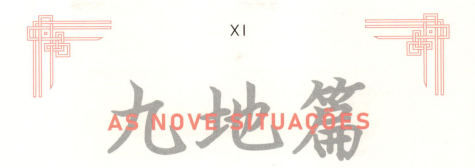

AS NOVE SITUAÇÕES

Sun Tzŭ disse:

1. A arte da guerra reconhece nove variedades de terreno: 1) terreno dispersivo; 2) terreno simples; 3) terreno contencioso; 4) terreno aberto; 5) terreno de estradas entrecruzadas; 6) terreno grave; 7) terreno difícil; 8) terreno confinado; 9) terreno desesperado.

2. Quando um líder está lutando no próprio território, é um terreno dispersivo.

> Assim chamado porque os soldados, estando perto de suas casas e ansiosos para ver suas esposas e filhos, provavelmente aproveitarão a oportunidade oferecida por uma batalha e se espalharão em todas as direções. "Em seu avanço", observa Tu Mu, "não terão a bravura do desespero e, quando recuarem, encontrarão refúgios".

3. Quando ele penetra em território hostil, mas não a uma distância muito grande, o terreno é simples.

> Li Ch'üan e Ho Shih explicam: "por causa da simplicidade de recuar", e os outros comentaristas dão explicações semelhantes. Tu Mu observa: "Quando seu exército cruzar a fronteira, devem queimar seus

barcos e pontes, para deixar claro a todos que não têm desejo algum de voltar para casa".

4. Terreno cuja posse concede grande vantagem para qualquer um dos lados é um terreno contencioso.

Ts'ao Kung declara: "terreno no qual os poucos e fracos podem derrotar os muitos e fortes", como "o gargalo de uma passagem", exemplificado por Li Ch'üan. Assim, Termópilas era classificada desta forma porque sua posse, mesmo por apenas alguns dias, significava manter todo o exército invasor sob controle e, dessa maneira, ganhar um tempo inestimável. Compare Wu Tzu, cap. V. *ad init.*: "Para aqueles que têm que lutar na proporção de um para dez, não há nada melhor do que uma passagem estreita". Quando Lü Kuang retornava de sua expedição triunfante ao Turquistão em 385 d.C., e chegou até I-ho, repleto de despojos; Liang Hsi, administrador de Liang-chou, aproveitando-se da morte de Fu Chien, rei de Ch'in, conspirou contra ele e desejava barrar sua passagem pela província. Yang Han, governador de Kao-ch'ang, aconselhou-o, falando: "Lü Kuang recém saiu de suas vitórias no oeste, e seus soldados são vigorosos e corajosos. Se nos opusermos a ele nas areias movediças do deserto, não seremos páreo para ele; portanto, devemos tentar um plano diferente. Apressemo-nos a ocupar o desfiladeiro na saída da passagem de Kao-wu, impedindo-o dessa forma de alcançar o suprimento de água, e quando suas tropas estiverem prostradas de sede, podemos ditar nossos próprios termos sem nos mover. Ou se acha que a passagem que mencionei é muito distante, podemos nos posicionar contra ele na passagem de I-wu, que é mais próxima. A astúcia e os recursos do próprio Tzu-fang seriam gastos em vão contra a enorme força dessas duas posições". Liang Hsi, recusando-se a agir seguindo esse conselho, foi sobrepujado e arrasado pelo invasor.

5. O terreno em que cada lado tem liberdade de movimentação é um terreno aberto.

> Existem várias interpretações do adjetivo chinês para esse tipo de terreno. Ts'ao Kung afirma que significa: "terreno coberto por uma rede de estradas", como um tabuleiro de xadrez. Ho Shih sugere: "terreno no qual a intercomunicação é fácil". Em ambos os casos, deve ser evidentemente "terreno plano" e, portanto, "não pode ser bloqueado".

6. Terreno que dá acesso a três estados contíguos,

> "Nosso país é vizinho do inimigo e um terceiro país é adjacente a ambos." Ts'au Kung define como: "Nosso país faz fronteira com o do inimigo e com um terceiro país fronteiriço a ambos". Meng Shih exemplifica com o pequeno principado de Chêng que fazia fronteira a nordeste com Ch'i, a oeste com Chin e ao sul com Ch'u.

de modo que quem o ocupar primeiro tem a maior parte do Império sob seu controle,

> O beligerante que detém essa posição dominante pode obrigar a maioria a se tornarem seus aliados.

é terreno de estradas entrecruzadas.

7. Quando um exército penetra no interior de um território hostil, deixando várias cidades fortificadas em sua retaguarda, trata-se de um terreno grave.

> Wang Hsi explica o nome dizendo que "quando um exército chega a tal ponto, sua situação é grave".

8. Florestas em montanhas,

> Ou simplesmente "florestas".

declives escarpados, pântanos e charcos — todo terreno complicado de atravessar: é um terreno difícil.

9. Terreno que é alcançado atravessando desfiladeiros estreitos e do qual só se consegue sair por caminhos tortuosos, de modo que um pequeno número de inimigos bastaria para esmagar um grande corpo de nossos homens: isso é terreno confinado.

10. O terreno em que só podemos ser salvos da destruição lutando sem demora é um terreno desesperado.

> A situação, conforme retratada por Ts'ao Kung, é muito semelhante a de "terreno cercado", exceto que aqui a fuga não é mais possível: "Uma montanha alta à frente, um grande rio atrás, avanço impossível, recuo bloqueado". Ch'ên Hao informa: "estar em 'terreno desesperado' é como estar em um barco com um vazamento ou agachar-se em uma casa em chamas". Tu Mu cita uma descrição vívida feita por Li Ching da situação de um exército encurralado dessa maneira: "Imagine um exército que invadiu um território hostil sem a ajuda de guias locais; ele cai em uma armadilha fatal e fica à mercê do inimigo. Uma ravina à esquerda, uma montanha à direita, um caminho tão perigoso que os cavalos precisam ser amarrados uns aos outros e as carruagens carregadas com estropos. Não há passagem aberta à frente, o recuo está impedido atrás, não há escolha a não ser prosseguir em fila única. Então, antes que haja tempo para organizar nossos soldados em ordem de batalha, a força esmagadora do inimigo de repente aparece em cena. Se avançamos, não temos nenhum espaço para respirar; recuando, não temos refúgio. Buscamos uma batalha campal em vão; ainda permanecendo na defensiva, nenhum de nós tem um momento de trégua. Se somente mantivermos nossa posição, dias e meses inteiros se passarão; no momento em que fazemos um movimento, temos

que suportar os ataques do inimigo na vanguarda e na retaguarda. O território é selvagem, não tem água nem vegetação; o exército carece do necessário à vida, os cavalos estão exauridos, e os homens, esgotados, todos os recursos de força e habilidade são inúteis, a passagem é tão estreita que um único homem defendendo-a é capaz de conter o ataque de dez mil. Todos os meios de ataque estão nas mãos do inimigo, todos os pontos de vantagem nós já perdemos — nesta terrível situação, mesmo que tivéssemos os soldados mais valentes e as armas mais afiadas, como poderiam ser empregados com algum efeito?". Os estudantes da história grega podem se lembrar do terrível fim da expedição siciliana e da agonia dos atenienses sob Nícias e Demóstenes. (Ver Tucídides, VII. 78 ss.)

11. Portanto, em terreno dispersivo, não lute. Em terreno simples, não pare. Em terreno contencioso, não ataque.

Mas, em vez disso, volte todas as suas energias para ocupar a posição vantajosa primeiro. Todavia, Ts'ao Kung. Li Ch'üan e outros, porém, supõem que o sentido seja que o inimigo já nos antecipou, de modo que seria pura loucura atacar. No *Sun Tzŭ Hsu Lu*, quando o rei de Wu pergunta o que deve ser feito neste caso, Sun Tzŭ responde: "A regra com relação a terreno conflituoso é que aqueles que têm a posse têm vantagem sobre o outro lado. Se uma posição desse tipo for garantida primeiro pelo inimigo, cuidado ao atacá-lo. Atraia-o fingindo fugir — erga seus estandartes e rufe seus tambores — corra para outros lugares que ele não pode se dar ao luxo de perder — arraste galhos e levante poeira — confunda os ouvidos e olhos dele — destaque um corpo de suas melhores tropas e coloque-o secretamente em emboscada. Desse modo, seu oponente sairá para o resgate".

12. Em terreno aberto, não tente bloquear o caminho do inimigo.

Porque a tentativa seria inútil e exporia a própria força que está no bloqueio a sérios riscos. Há duas interpretações de aqui. Eu sigo a de Chang Yü. A outra é indicada na breve nota de Ts'ao Kung: "Aproximem-se" — ou seja, assegurem-se que parte de seu próprio exército não seja separada.

Em terrenos cruzados, una-se aos seus aliados.

Ou talvez, "forme alianças com estados vizinhos".

13. Em terreno grave, tome despojos.

Quanto a isso, Li Ch'üan traz uma observação maravilhosa: "Quando um exército avança profundamente no território inimigo, deve-se tomar cuidado para não alienar o povo tratando-o com injustiça. Siga o exemplo do imperador Han Kao Tsu, cuja marcha para o território Ch'in não foi marcada por nenhuma violação de mulheres ou pilhagem de objetos de valor. (*Nota bene*: isso foi em 207 a.C., e pode muito bem nos deixar constrangidos pelos exércitos cristãos que entraram em Pequim em 1900 d.C.) Agindo dessa maneira, ele conquistou os corações de todos. Na passagem presente, portanto, creio que a leitura correta em vez de 'saqueie' deva ser 'não saqueie'". Infelizmente, temo que neste caso os sentimentos do digno comentarista superaram seu discernimento. Tu Mu, pelo menos, não tem tais ilusões. Ele afirma: "Quando acampado em 'terreno grave', não havendo ainda nenhum incentivo para avançar mais e nenhuma possibilidade de retirada, deve-se tomar medidas para uma resistência prolongada, trazendo provisões de todos os lados, e manter uma vigilância rigorosa sobre o inimigo".

Em terreno difícil, mantenha-se firme na marcha.

Ou, nas palavras de VIII, § 2: "não acampe".

14. Em terreno confinado, recorra a estratagemas.

> Ts'au Kung diz: "Experimente o efeito de algum artifício incomum";
> e Tu Yu amplifica isso dizendo: "Em tal posição, algum esquema deve
> ser elaborado que se adapte às circunstâncias, e se tivermos sucesso
> em iludir o inimigo, pode-se escapar do perigo". Foi exatamente isso
> que aconteceu na famosa ocasião em que Aníbal foi encurralado entre
> as montanhas na estrada para Casilino e, pelo que parecia, preso pelo
> ditador Fábio. O estratagema que Aníbal elaborou para confundir seus
> inimigos era notavelmente semelhante ao que T'ien Tan também ha-
> via empregado com sucesso exatamente 62 anos antes. (Ver IX, § 24,
> nota.) Quando a noite caiu, feixes de gravetos foram presos aos chifres
> de cerca de 2 mil bois e lhes atearam fogo; os animais aterrorizados
> foram, então, rapidamente conduzidos ao longo da encosta da mon-
> tanha em direção às passagens que estavam cercadas pelo inimigo.
> O estranho espetáculo dessas luzes se movendo depressa alarmou e
> desconcertou tanto os romanos que eles se retiraram de sua posição,
> e o exército de Aníbal passou com segurança pelo desfiladeiro. (Ver
> Políbio, III. 93, 94; Lívio, XXII. 16 17.)

Em terreno desesperado, lute.

> Pois, como Chia Lin observa: "se você lutar com todas as suas
> forças, há uma chance de vida; enquanto a morte é certa se você se
> agarrar ao seu canto".

15. Aqueles que antigamente eram chamados de líderes habilidosos sabiam como criar divisão entre a vanguarda e a retaguarda
do inimigo;

> Mais literalmente, "fazer com que a vanguarda e a retaguarda
> percam contato uma com a outra".

para impedir a cooperação entre suas grandes e pequenas divisões; para impedir que as boas tropas resgatem as ruins, e que os oficiais reúnam seus homens.

16. Quando os soldados inimigos estavam dispersos, impediam-no de se reunir; mesmo quando suas forças estavam unidas, conseguiam mantê-las em desordem.

17. Quando era vantajoso para eles, avançavam; quando não, paravam.

> Mei Yao-ch'en conecta este ao anterior: "Tendo sido bem sucedidos em deslocar o inimigo, avançavam para garantir qualquer vantagem a ser obtida; caso não houvesse vantagem a ser obtida, permaneceriam onde estavam".

18. Se me perguntassem como lidar com uma grande hoste inimiga em formação ordenada e prestes a marchar para o ataque, eu diria: "Comece tomando algo que seu oponente preza; assim, ele estará sujeito à sua vontade".

> As opiniões divergem quanto ao que Sun Tzŭ tinha em mente. Ts'ao Kung pensa que é: "alguma vantagem estratégica da qual o inimigo depende". Tu Mu afirma: "As três coisas que um inimigo está ansioso para fazer e de cuja realização seu sucesso depende são: 1) capturar nossas posições favoráveis; 2) devastar nossa terra cultivada; 3) proteger as próprias comunicações". Nosso objetivo, portanto, deve ser frustrar seus planos nessas três direções e, dessa forma, deixá-lo indefeso. (Conferir III, § 3.) Ao ousadamente tomar a iniciativa dessa maneira, de imediato, você coloca o outro lado na defensiva.

19. A rapidez é a essência da guerra:

> De acordo com Tu Mu: "este é um resumo dos principais princípios da guerra", e ele acrescenta: "Estas são as verdades mais profundas da

ciência militar e o principal interesse do general". As seguintes anedotas, contadas por Ho Shih, mostram a importância atribuída à velocidade por dois dos maiores generais da China. Em 227 d.C., Mêng Ta, governador de Hsin-ch'êng sob o imperador Wei, Wen Ti, estava considerando deserção para a casa de Shu e entrou em correspondência com Ch'u-ko Liang, primeiro-ministro daquele Estado. O general Wei Ssŭ-ma I era na época governador militar de Wan e, ao saber da deslealdade de Mêng Ta, imediatamente partiu com um exército para se antecipar à sua revolta, tendo-o previamente bajulado com uma mensagem especiosa de significância amigável. Os oficiais de Ssu-ma foram até ele e falaram: "Se Mêng Ta se aliou a Wu e Shu, o assunto deve ser investigado minuciosamente antes de tomarmos uma atitude". Ssŭ-ma I respondeu: "Mêng Ta é um homem sem princípios, e devemos ir e puni-lo imediatamente, enquanto ele ainda está vacilando e antes que ele tenha arrancado a máscara". Assim, com uma série de marchas forçadas, ele levou seu exército até as muralhas de Hsin-ch'eng em um espaço de oito dias. Ora, Mêng Ta havia dito anteriormente em uma carta a Ch'u-ko Liang: "Wan está a 1200 *li* daqui. Quando as notícias de minha revolta chegarem a Ssŭ-ma I, ele informará imediatamente seu mestre imperial, mas levará um mês inteiro antes que quaisquer medidas possam ser tomadas, e a essa altura minha cidade estará bem fortificada. Além disso, Ssŭ-ma I com certeza não virá em pessoa, e os generais que serão enviados contra nós não causam preocupação". A carta seguinte, no entanto, estava repleta de consternação: "Embora tenham se passado apenas oito dias desde que descartei minha lealdade, um exército já está diante dos portões da cidade. Que rapidez milagrosa é essa!" Quinze dias depois, Hsin-ch'eng caiu e Mêng Ta perdeu a cabeça. (Ver *Chin Shu*, cap. 1, f. 3) Em 621 d.C., Li Ching foi enviado de K'uei-chou em Ssŭ-ch'uan para derrotar o rebelde bem-sucedido Hsiao Hsien, que havia se estabelecido como imperador na moderna Ching-chou Fu em Hupeh. Era outono, e o rio Yangtze estava em cheia; Hsiao Hsien jamais sonhou que seu adversário se aventuraria a descer pelos desfiladeiros e, por consequência, não fez preparativos. Entretanto, Li Ching embarcou seu exército sem perda de tempo e estava prestes a partir quando os outros generais imploraram para que adiasse sua partida até que o rio estivesse em condição menos perigosa para a navegação. Li Ching respondeu: "Para o soldado, a velocidade esmagadora é de suma importância, e ele nunca deve perder oportunidades. Agora é a hora de atacar, antes que Hsiao Hsien saiba que temos um exército reunido. Se aproveitarmos o momento presente, enquanto o rio estiver cheio, apareceremos diante de sua capital com rapidez surpreendente, como o trovão que é ouvido antes que se tenha tempo de tapar os ouvidos contra ele. (Ver VII, § 19, nota.) Esse é o grande princípio na guerra. Mesmo que ele saiba de nossa aproximação, ele terá que convocar seus soldados com tanta pressa que eles não estarão aptos a se opor a nós. Assim, todo os frutos da vitória serão nossos". Tudo aconteceu conforme ele previu, e Hsiao Hsien foi obrigado a se render, estipulando nobremente que seu povo deveria ser poupado e que ele sofresse sozinho a pena de morte.

aproveite a falta de preparação do inimigo, avance por rotas inesperadas e ataque pontos desprotegidos.

20. Seguem-se os princípios a serem observados por uma força invasora: Quanto mais você penetra em um país, maior será a solidariedade de suas tropas e, assim, os defensores não prevalecerão contra você.

21. Faça incursões em terras férteis para abastecer seu exército com alimentos.

Cf. *supra*, § 13. Li Ch'üan não se arrisca a fazer nenhuma observação aqui.

22. Estude cuidadosamente o bem-estar de seus homens,

Bem-estar, de acordo com Wang Hsi, quer dizer: "Abrace-os, agrade-os, dê-lhes bastante comida e bebida e cuide deles em geral".

e não os sobrecarregue. Concentre sua energia e acumule sua força.

> Ch'ên Hao recorda a linha de ação adotada em 224 a.C. pelo famoso general Wang Chien, cujo gênio militar contribuiu amplamente para o sucesso do Primeiro Imperador. Ele invadiu o Estado Ch'u, onde um alistamento universal foi realizado para se opor a ele. No entanto, duvidando do temperamento de suas tropas, ele recusou todos os convites para lutar e permaneceu estritamente na defensiva. Em vão, o general Ch'u tentou forçar uma batalha; dia após dia, Wang Chien se manteve dentro de suas muralhas e não saiu, mas dedicou todo seu tempo e energia a ganhar a estima e a confiança de seus homens. Ele garantiu que eles fossem bem alimentados, compartilhando as próprias refeições com eles, forneceu instalações para banho e empregou todos os métodos de indulgência prudente para unificá-los em um grupo leal e homogêneo. Depois de algum tempo, ele falou com certas pessoas para que descobrissem como os homens estavam se divertindo. A resposta foi que eles estavam competindo entre si no levantamento de peso e no salto em distância. Quando Wang Chien ouviu que eles estavam envolvidos nessas atividades atléticas, soube que seus espíritos haviam sido afinados ao tom necessário e que agora estavam prontos para lutar. A essa altura, o exército Ch'u, depois de repetir seu desafio diversas vezes, havia marchado para o leste em desgosto. O general Ch'in imediatamente desfez seu acampamento e os seguiu, e na batalha que ocorreu eles foram derrotados com grande matança. Pouco depois, toda Ch'u foi conquistada por Ch'in, e o rei Fu-ch'u foi levado ao cativeiro.

Mantenha seu exército em constante movimento,

> Para que o inimigo nunca saiba exatamente onde você está. No entanto, ocorreu-me que a leitura verdadeira pode ser "una seu exército".

e elabore planos insondáveis.

23. Coloque seus soldados em situações das quais não há escapatória, e eles preferirão a morte à fuga. Se vão enfrentar a morte, não há nada que não consigam realizar.

> Chang Yü cita seu Wei Liao Tzu favorito (cap. 3): "Se um homem corresse descontroladamente com uma espada pelo mercado, e todos os outros tentassem sair de seu caminho, não devo pensar que somente este homem tinha coragem e que todos os outros eram covardes desprezíveis. A verdade é que um desesperado e um homem que dá algum valor à sua vida não se encontram em condições iguais".

Oficiais e soldados usarão toda a sua força.

> Chang Yü afirma: "Se estiverem em uma situação estranha juntos, com certeza exercer suas forças unidas para sair dela".

24. Soldados quando em uma situação desesperada perdem o senso de medo. Se não houver um lugar de refúgio, eles permanecerão firmes. Se estiverem no interior de um país hostil, mostrarão uma face obstinada. Se não houver outra opção, lutarão arduamente.

25. Assim, sem esperar que sejam convocados, os soldados estarão constantemente em alerta; sem esperar que seja solicitado, farão sua vontade;

> Literalmente: "sem pedir, você receberá".

sem restrições, eles serão fiéis; sem dar ordens, são confiáveis.

26. Proíba a consulta a oráculos e acabe com dúvidas supersticiosas. Portanto, até que a própria morte venha, nenhuma calamidade precisa ser temida.

Os supersticiosos, "aprisionados por dúvidas e medos provocativas", se degeneram em covardes e "morrem muitas vezes antes de suas mortes", declara Huang Shih-kung, citado por Tu Mu. "Feitiços e encantamentos devem ser totalmente proibidos, e nenhum oficial deve ser autorizado a consultar por meio de divinação a sorte de um exército, por medo de que as mentes dos soldados sejam seriamente perturbadas. O sentido é", continua ele, "se todas as dúvidas e escrúpulos forem descartados, seus homens nunca vacilarão em sua resolução até que morram".

27. Se nossos soldados não estão sobrecarregados de dinheiro, não é porque têm aversão às riquezas; se suas vidas não são indevidamente longas, não é porque não estão inclinados à longevidade.

Chang Yü tem a melhor observação sobre esta passagem: "Riqueza e vida longa são coisas para as quais todos os homens têm uma inclinação natural. Portanto, se queimam ou jogam fora objetos de valor e sacrificam as próprias vidas, não é por não gostarem delas, mas somente porque não têm escolha". Sun Tzŭ astutamente insinua que, como os soldados são apenas humanos, cabe ao general garantir que as tentações para fugir da batalha e enriquecer não surjam em seu caminho.

28. No dia em que forem ordenados a sair para a batalha, talvez seus soldados chorem,

A palavra em chinês é "choramingar". Isso é interpretado como uma indicação de tristeza mais genuína do que apenas lágrimas.

os que estiverem sentados molhando suas vestes, e os que estiverem deitados deixando as lágrimas correr pelo rosto.

Não porque estejam com medo, mas porque, como diz Ts'ao Kung: "todos abraçaram a firme resolução de fazer ou morrer". Podemos lembrar que os heróis da Ilíada eram igualmente infantis ao demonstrar suas emoções. Chang Yü faz alusão à triste separação no rio I entre Ching K'o e seus amigos, quando o primeiro foi enviado para atentar contra a vida do rei de Ch'in (posteriormente Primeiro Imperador) em 227 a.C. As lágrimas de todos fluíram como chuva, enquanto ele se despedia deles e proferia os seguintes versos: "A rajada estridente sopra, Gélida a queimação; Seu campeão está partindo — para não retornar".[91]

Mas, uma vez que sejam encurralados, demonstrarão a coragem de um Ch'u ou de um Kuei.

Ch'u era o nome de nascimento de Chuan Ch'u, um nativo do estado de Wu e contemporâneo do próprio Sun Tzŭ, que foi contratado por Kung-tzŭ Kuang, mais conhecido como Ho Lü Wang, para assassinar seu soberano Wang Liao com uma adaga que ele escondeu na barriga de um peixe servido em um banquete. Ele teve sucesso em seu intento, mas foi imediatamente esquartejado pelo guarda-costas do rei. Isso ocorreu em 515 a.C. O outro herói mencionado, Ts'ao Kuei (ou Ts'ao Mo), realizou a façanha que tornou seu nome famoso 166 anos antes, em 681 a.C. Lu havia sido derrotado três vezes por Ch'i e estava prestes a assinar um tratado cedendo uma grande fatia de território, quando Ts'ao Kuei, inesperadamente, agarrou Huan Kung, duque de Ch'i, enquanto ele estava nos degraus do altar e segurou uma adaga contra seu peito. Nenhum dos servos do duque ousou mover um músculo, e Ts'ao Kuei procedeu a exigir restituição completa, declarando que o tratamento dispensado ao estado de Lu era injusto, porque era menor e mais fraco. Huan Kung, em perigo de vida, foi obrigado a consentir. Depois disso, Ts'ao Kuei atirou longe sua adaga e, calado, retomou seu lugar em meio à assembleia aterrorizada sem ter sequer ficado

---

[91] *Giles' Biographical Dictionary*, nº. 399.

corado. Como era de se esperar, o duque quis depois voltar atrás no acordo, mas seu velho e sábio conselheiro Kuan Chung explicou-lhe a imprudência de voltar atrás em sua palavra, e o resultado foi que esse golpe ousado recuperou para Lu tudo o que havia perdido em três batalhas campais.

29. O estrategista habilidoso pode ser comparado a *shuai-jan*. Ora, *shuai-jan* é uma cobra que é encontrada nas montanhas Ch'ang.

> "*Shuai-jan*" significa "subitamente" ou "rapidamente", e a cobra em questão foi, sem dúvida, assim chamada devido à rapidez de seus movimentos. Por causa disso, o termo passou a ser utilizada no sentido de "manobras militares".

Ataque sua cabeça e será atacado pela cauda; ataque a cauda e será atacado pela cabeça; ataque no meio e será atacado pela cabeça e pela cauda.

30. Questionado se um exército pode ser criado para imitar a *shuai-jan*,

> Isto é, como explica Mei Yao-ch'en: "É possível fazer com que a frente e a retaguarda de um exército respondam cada uma rapidamente a ataques à outra, como se fossem parte de um único corpo vivo?".

Eu deveria responder: Sim. Pois os homens de Wu e os homens de Yüeh são inimigos;

> Conferir, VI, § 21.

porém, se estiverem atravessando um rio no mesmo barco e forem pegos por uma tempestade, ajudarão um ao outro, assim como a mão esquerda ajuda a direita.

> O sentido é: se dois inimigos ajudam um ao outro em um momento de perigo comum, ainda mais devem duas partes do mesmo exército, unidas como estão por todos os laços de interesse e sentimento de camaradagem. No entanto, é notório que muitas campanhas foram arruinadas por falta de cooperação, em particular, no caso de exércitos aliados.

31. Portanto, não basta confiar na amarração dos cavalos, e o enterramento das rodas das carruagens no chão.

> Esses dispositivos pitorescos para impedir que o exército de alguém fuja lembram o herói ateniense Sófanes, que carregou a âncora consigo na batalha de Plateias, com a qual ele se prendeu firmemente em um local. (Ver Heródoto, IX. 74.) Não é suficiente, diz Sun Tzŭ, tornar a fuga impossível por tais meios mecânicos. Não será bem-sucedido a menos que seus homens tenham tenacidade e unidade de propósito e, acima de tudo, um espírito de cooperação solidária. Esta é a lição que pode ser aprendida com a *shuai-jan*.

32. O princípio pelo qual se deve administrar um exército é estabelecer um padrão de coragem que todos devem alcançar.

> Literalmente, "nivelar a coragem [de todos] como se [fosse a de] um". Se o exército ideal deve formar um todo orgânico unificado, portanto, segue-se que a determinação e o espírito das partes que o compõem devem ser da mesma qualidade ou, ao menos, não devem ficar abaixo de determinado padrão. A descrição aparentemente ingrata de Wellington de seu exército em Waterloo como "o pior que já comandou" não significava nada além do fato que era deficiente neste importante detalhe: unidade de espírito e coragem. Caso não tivesse previsto as deserções belgas e cautelosamente mantido essas tropas afastadas, era quase certo que ele teria perdido o dia.

33. Como aproveitar ao máximo os pontos fortes e fracos — essa é uma questão que envolve o uso adequado do terreno.

> A paráfrase de Mei Yao-ch'en é a seguinte: "A maneira de eliminar as diferenças entre forte e fraco e tornar ambos úteis é utilizar características acidentais do terreno". Tropas menos confiáveis, se postadas em posições fortes, resistirão tanto quanto tropas melhores em terrenos mais expostos. A vantagem da posição neutraliza a inferioridade de resistência e coragem. Coronel Henderson afirma: "Com todo o respeito aos livros didáticos e ao ensino tático comum, estou inclinado a pensar que o estudo do terreno é frequentemente negligenciado e que de forma alguma é atribuída importância suficiente à seleção de posições... e às imensas vantagens que devem ser derivadas, seja defendendo ou atacando, da utilização adequada das características naturais".[92]

34. Sendo assim, o general habilidoso conduz seu exército como se estivesse conduzindo um único homem, de um lado ao outro, pela mão.

> Tu Mu diz: "A comparação faz referência à facilidade com que ele faz isso".

35. É função de um general ficar calado e, assim, assegurar o sigilo; honesto e justo e, assim, manter a ordem.

36. Ele deve ser capaz de enganar seus oficiais e soldados por meio de relatórios e aparências falsos,

> Literalmente, "de enganar seus olhos e ouvidos".

e assim mantê-los em total ignorância.

---

[92] *The Science of War*, p. 333.

Ts'ao Kung nos oferece um de seus excelentes aforismos: "Não se deve permitir que as tropas conheçam seus planos no começo; elas podem apenas se alegrar com você pelo bom resultado deles". "Confundir, enganar e surpreender o inimigo" é um dos primeiros princípios da guerra, como foi frequentemente apontado. Mas e quanto ao outro processo: confundir os próprios homens? Aqueles que podem pensar que Sun Tzŭ é enfático demais sobre este ponto fariam bem em ler as observações do coronel Henderson sobre a campanha de Stonewall Jackson no Vale do Shenandoah: "As dores infinitas", diz ele, "com as quais Jackson procurou esconder, mesmo de seus oficiais de estado-maior mais confiáveis, seus movimentos, suas intenções e seus" pensamentos, um comandante menos completo teria declarado inúteis etc.[93] No ano 88 d.C., como lemos no capítulo 47 do *Hou Han Shu*: "Pan Ch'ao entrou em campo com 25 mil homens de Khotan e outros estados da Ásia Central com o objetivo de esmagar Yarkand. O rei de Kutcha reagiu despachando seu comandante chefe para socorrer o local com um exército retirado dos reinos de Wen-su, Ku-mo e Wei-t'ou, totalizando 50 mil homens. Pan Ch'ao convocou seus oficiais e também o rei de Khotan para um conselho de guerra e disse: 'Nossas forças estão agora em menor número e incapazes de enfrentar o inimigo. O melhor plano, portanto, é nos separarmos e nos dispersarmos, cada um indo em uma direção diferente. O rei de Khotan marchará pela rota leste, e eu então retornarei para o oeste. Vamos esperar até que o tambor da noite soe e então começamos.' Pan Ch'ao neste momento, em segredo, libertou os prisioneiros que havia capturado vivos, e por isso o rei de Kutcha descobriu seus planos. Muito contente com a notícia, este último partiu imediatamente à frente de 10 mil cavaleiros para barrar a retirada de Pan Ch'ao no oeste, enquanto o Rei de Wen-su cavalgou para o leste com 8 mil cavalos para interceptar o rei de Khotan. Assim que Pan Ch'ao soube que os dois chefes tinham ido embora, ele convocou suas divisões, colocou-as bem sob controle e,

---

[93] *Stonewall Jackson*, vol. I, pág. 421.

ao cantar do galo, lançou-as contra o exército de Yarkand, enquanto estava acampado. Os bárbaros, em pânico, fugiram em confusão e foram perseguidos de perto por Pan Ch'ao. Mais de 5 mil cabeças foram trazidas de volta como troféus, além de enormes despojos na forma de cavalos, gado e objetos de valor de todos os tipos. Com a rendição de Yarkand, Kutcha e os outros reinos retiraram suas respectivas forças. Daquele momento em diante, o prestígio de Pan Ch'ao intimidou por completo os países do oeste". Neste caso, vemos que o general chinês não apenas manteve seus próprios oficiais na ignorância de seus verdadeiros planos, mas, na verdade tomou a atitude ousada de dividir seu exército para enganar o inimigo.

37. Alterando seus arranjos e mudando seus planos,

Wang Hsi acredita que isso quer dizer não usar o mesmo estratagema duas vezes.

ele mantém o inimigo sem conhecimento definitivo.

Chang Yü, com uma citação de outro texto, diz: "O axioma, de que a guerra é baseada no engano, não se aplica somente ao engano do inimigo. Deve-se enganar até mesmo seus próprios soldados. Faça-os segui-lo, mas sem permitir que saibam a razão".

Ao mudar de acampamento e seguir rotas tortuosas, impede que o inimigo antecipe seu propósito.

38. No momento crítico, o líder de um exército age como alguém que escalou uma altura e, em seguida, chuta a escada para longe atrás de si. Ele conduz seus homens fundo em território hostil antes de revelar sua jogada.

Literalmente, "libera a mola" (ver V, § 15), isto é, dá algum passo decisivo que torna impossível para o exército retornar — como Hsiang

> Yu, que afundou seus navios após cruzar um rio. Ch'ên Hao, acompanhado por Chia Lin, compreende as palavras ainda menos com: "utiliza todos os artifícios ao seu dispor".

39. Ele incendeia seus barcos e quebra suas panelas; como um pastor conduzindo um rebanho de ovelhas, ele conduz seus homens de um lado para o outro, e ninguém sabe para onde está indo.

Tu Mu afirma: "O exército só tem conhecimento das ordens de avançar ou retroceder; ele ignora os objetivos ocultos de atacar e conquistar".

40. Reunir seu exército e colocá-lo em perigo, assim, pode-se resumir a tarefa do general.

> Sun Tzŭ quer dizer que após a mobilização não deve haver demora em mirar um golpe no coração do inimigo. Observe como ele retorna repetidamente a esse ponto. Entre os estados em guerra da China antiga, a deserção era sem dúvida um medo muito mais presente e um mal sério do que nos exércitos de hoje.

41. As diferentes medidas adequadas às nove variedades de terreno;

> Chang Yü declara: "Não se deve ser tacanho na interpretação das regras para as nove variedades de terreno".

a conveniência de táticas agressivas ou defensivas; e as leis fundamentais da natureza humana são coisas que definitivamente devem ser estudadas.

42. Ao invadir território hostil, o princípio geral é que avançar fundo gera coesão; penetrar apenas um pouco significa dispersão.

> Conferir acima, § 20.

43. Quando você deixa seu próprio país para trás e conduz seu exército através do território vizinho, você se encontra em terreno crítico.

> Este "terreno" é curiosamente mencionado em VIII, § 2, mas não figura entre as Nove Situações ou as Seis Calamidades no capítulo X. O primeiro impulso seria traduzi-lo como "terreno distante", mas isto, se podemos confiar nos comentadores, é exatamente o que não se quer dizer aqui. Mei Yao-ch'en afirma que é: "uma posição insuficientemente avançada para ser chamada de 'simples', e insuficientemente próxima de casa para ser 'dispersiva', mas algo entre as duas". Wang Hsi afirma: "É um terreno separado de casa por um estado adjacente, cujo território precisamos atravessar para alcançá-lo. Portanto, cabe a nós resolver nossos negócios ali de maneira rápida". Ele acrescenta que esta posição é de ocorrência rara, razão pela qual não está incluída entre as Nove Situações.

Quando há meios de comunicação pelos quatro lados, o terreno é formado cruzado.

44. Quando se avança muito em um território, ele é terreno grave. Quando se avança apenas um pouco, ele é terreno simples.

45. Quando se tem as fortalezas do inimigo à sua retaguarda, e passagens estreitas à frente, é um terreno confinado. Quando não há nenhum lugar de refúgio, é um terreno desesperado.

46. Portanto, em terreno dispersivo, eu inspiraria meus homens com unidade de propósito.

> Este fim, de acordo com Tu Mu, é melhor alcançado permanecendo na defensiva e evitando a batalha. Conferir acima, § 11.

Em termos simples, eu garantiria que há uma estreita ligação entre todas as partes do meu exército.

Como declara Tu Mu, o objetivo é proteger contra duas possíveis contingências: "1) a deserção de nossas próprias tropas; 2) um ataque repentino por parte do inimigo". Conferir VII, § 17. Mei Yao-ch'en diz: "Na marcha, os regimentos devem estar em contato próximo; em um acampamento, deve haver continuidade entre as fortificações".

47. Em terreno contencioso, eu apressaria minha retaguarda.

Esta é a interpretação de Ts'ao Kung. Chang Yü a adota, explicando: "Devemos rapidamente trazer nossa retaguarda, para que a cabeça e a cauda possam alcançar o objetivo". Ou seja, não se deve permitir que se afastem muito. Mei Yao-ch'en oferece outra explicação igualmente plausível: "Supondo que o inimigo ainda não tenha alcançado a posição desejada, e que estejamos atrás dele, devemos avançar a toda velocidade para disputar sua posse". Ch'ên Hao, por outro lado, supondo que o inimigo teve tempo de selecionar seu próprio terreno, cita VI, § 1, em que Sun Tzŭ nos adverte contra chegar exaustos ao ataque. Sua própria ideia da situação é expressa de forma bastante vaga: "Se houver uma posição favorável à sua frente, destaque um grupo de soldados selecionados para ocupá-la, assim, se o inimigo, confiando nos próprios números, vier lutar por ela, você pode se abater rapidamente sobre a retaguarda dele com sua força principal, e a vitória estará garantida". Foi assim, acrescenta ele, que Chao She derrotou o exército de Ch'in. (Ver p. 57)

48. Em terreno aberto, eu manteria um olho vigilante em minhas defesas. Em terreno cruzado, eu consolidaria minhas alianças.

49. Em terreno grave, eu tentaria garantir um fluxo contínuo de suprimentos.

Os comentaristas interpretam isso como uma referência à coleta e pilhagem, e não, como seria de se esperar, a comunicação ininterrupta com uma base.

Em terreno difícil, eu continuaria avançando pela estrada.

50. Em terreno confinado, eu bloquearia qualquer rota de fuga.

> Mêng Shih diz: "Para fazer parecer que eu pretendo defender a posição, enquanto minha real intenção é irromper repentinamente pelas linhas inimigas". Mei Yao-ch'ên diz "para fazer meus soldados lutarem com desespero"; Wang Hsi diz: "temendo que meus homens fiquem tentados a fugir". Tu Mu aponta que este é o inverso de VII, § 36, em que é o inimigo que é cercado. Em 532 d.C., Kao Huan, depois Imperador e canonizado como Shên-wu, foi cercado por um grande exército sob Êrh-chu Chao e outros. Suas próprias forças eram comparativamente pequenas, consistindo apenas de 2 mil soldados a cavalo e pouco menos de 30 mil soldados de infantaria. As linhas de ataque não estavam compactas, lacunas haviam sido deixadas em certos pontos. Kao Huan, porém, em vez de tentar escapar, na verdade, agiu para que ele mesmo bloqueasse todas as saídas restantes, dirigindo para elas uma série de bois e burros amarrados juntos. Assim que seus oficiais e soldados viram que não havia nada a fazer a não ser vencer ou morrer, seus espíritos atingiram um nível extraordinário de exaltação, e eles atacaram com tamanha ferocidade desesperada que as fileiras adversárias se dispersaram e ruíram sob seu ataque.

Em terreno desesperado, eu proclamaria aos meus soldados a impossibilidade de salvar suas vidas.

> Tu Yu diz: "Queime sua bagagem e equipamentos, jogue fora seus estoques e provisões, entupam os poços, destruam seus fogões de cozinhar e deixe claro para seus homens que eles não têm como sobreviver, mas devem lutar até a morte." Mei Yao-ch'en afirma epigramaticamente: "A única chance de vida está em desistir de toda esperança dela". Isso conclui o que Sun Tzŭ tem a dizer sobre "terrenos" e as "situações" correspondentes a eles. Revendo as passagens que tratam deste tema importante, não podemos deixar de ficar impressionados

com a maneira desorganizada e pouco metódica com que ele é tratado. Sun Tzŭ começa abruptamente em VIII, § 2 a enumerar "situações" antes de tocar nos "terrenos", mas menciona apenas cinco, a saber, os números 7, 5, 8 e 9 da lista subsequente, e um que não está incluso nela. Algumas variedades de terreno são abordadas na parte inicial do capítulo IX e, depois, no capítulo X, ele estabelece seis novos terrenos, com seis planos diferentes para acompanhar cada um. Nenhum deles é mencionado de novo, embora seja difícil de distinguir o primeiro do terreno 4 no capítulo seguinte. Por fim, no capítulo XI, chegamos aos Nove Terrenos por excelência, que são imediatamente seguidos pelas situações. Isso nos leva ao § 14. Nos § § 43-45, novas definições são dadas para os números 5, 6, 2, 8 e 9 (na ordem dada), bem como para o décimo terreno observado no capítulo VIII; e, por fim, as nove situações são enumeradas mais uma vez do início ao fim, todas, exceto 5, 6 e 7, diferentes das listadas antes. Embora seja impossível explicar o estado atual do texto de Sun Tzŭ, alguns fatos sugestivos podem ser trazidos à tona: 1) o capítulo VIII, de acordo com o título, deve lidar com nove situações, enquanto apenas cinco aparecem. 2) é um capítulo anormalmente curto. 3) o capítulo XI é intitulado "As nove situações". Diversas delas são definidas duas vezes, além disso, há duas listas distintas das situações correspondentes. 4) a extensão do capítulo é desproporcional, sendo o dobro de qualquer outro, exceto o IX. Não proponho tirar nenhuma dedução desses fatos, além da conclusão geral de que a obra de Sun Tzŭ não pode ter chegado até nós na forma em que saiu das mãos dele; o capítulo VIII visivelmente tem falhas e, é provável, está fora do lugar, enquanto XI parece conter um assunto que foi acrescentado por uma mão posterior ou deveria aparecer em outro lugar.

51. Pois é da disposição do soldado oferecer uma resistência obstinada quando cercado, lutar arduamente quando não pode se conter e obedecer de imediato quando está em perigo.

Chang Yü coloca: "estar profundamente envolvido em uma posição perigosa". O último comentarista faz alusão à conduta dos devotados seguidores de Pan Ch'ao em 73 d.C. A história é contada desse modo no *Hou Han Shu*, capítulo 47: "Quando Pan Ch'ao chegou a Shan-shan, Kuang, o rei do país, o recebeu a princípio com grande polidez e respeito; mas logo depois seu comportamento sofreu uma mudança repentina, e ele se tornou omisso e negligente. Pan Ch'ao falou sobre isso aos oficiais de sua comitiva: 'Notaram', disse, 'que as intenções educadas de Kuang estão diminuindo? Isso deve significar que enviados vieram dos bárbaros do Norte e que, por consequência, ele está em um estado de indecisão, sem saber com que lado jogar sua sorte. Sem dúvida essa é a razão. O homem sábio de verdade, dizem-nos, é capaz de perceber as coisas antes que elas ocorram; ainda mais, portanto, as que já estão manifestas!'. Desse modo, ele chamou um dos nativos que havia sido designado para seu serviço e armou uma armadilha para ele, falando: 'Onde estão aqueles enviados de Hsiung-nu que chegaram há alguns dias?'. O homem ficou tão chocado que, entre surpresa e medo, imediatamente deixou revelou toda a verdade. Pan Ch'ao, mantendo seu informante cuidadosamente trancado a sete chaves, em seguida, convocou uma reunião geral de seus oficiais, trinta e seis ao todo, e começou a beber com eles. Quando o vinho subiu um pouco a suas cabeças, ele tentou despertar seus espíritos ainda mais, dirigindo-se a eles com essas palavras: 'Senhores, aqui estamos no coração de uma região isolada, ansiosos para alcançar riquezas e honra por meio de alguma grande façanha. Ora, acontece que um embaixador de Hsiung-no chegou a este reino há apenas alguns dias, e o resultado é que a cortesia respeitosa estendida a nós por nosso anfitrião real desapareceu. Se este enviado o convencer a capturar nosso grupo e nos entregar a Hsiung-no, nossos ossos se tornarão comida para os lobos do deserto. O que devemos fazer?' Em unanimidade, os oficiais responderam: 'Permanecendo como estamos com nossas vidas correndo perigo, seguiremos nosso comandante pela vida e pela morte". Para a continuação desta aventura, ver capítulo XII, § 1, nota.

52. Não podemos fazer aliança com príncipes vizinhos até que estejamos familiarizados com seus desígnios. Não estamos aptos a liderar um exército em marcha a menos que estejamos familiarizados com o relevo do território — suas montanhas e florestas, suas armadilhas e precipícios, seus pântanos e brejos. Não seremos capazes de utilizar vantagens naturais em nosso favor a menos que utilizemos guias locais.

> Essas três frases são repetidas de VII, § § 12-14 — para enfatizar sua importância, os comentaristas parecem pensar. Prefiro considerá-las como interpoladas aqui para formar um antecedente para as palavras seguintes. Com relação aos guias locais, Sun Tzŭ poderia ter acrescentado que sempre há o risco de dar errado, seja por traição ou algum mal-entendido, como os registros de Lívio (XXII, 13): Aníbal, somos informados, ordenou que um guia o levasse até a vizinhança de Casino, onde havia um passo importante a ser ocupado; mas seu sotaque cartaginês, inadequado à pronúncia de nomes latinos, fez com que o guia entendesse Casilino em vez de Casino, e, desviando-se da rota correta, levou o exército naquela direção, o erro não sendo descoberto até que quase tivessem chegado.

53. Ignorar qualquer um dos quatro ou cinco princípios a seguir não convém a um príncipe guerreiro.

54. Quando um príncipe guerreiro ataca um estado poderoso, sua liderança se revela ao impedir a concentração das forças inimigas. Ele intimida seus oponentes, e seus aliados são impedidos de se unirem contra ele.

> Mei Tao-ch'en constrói uma das cadeias de raciocínio que são tão comuns aos chineses: "Ao atacar um estado poderoso, se puder dividir suas forças, terá superioridade em força; se tiver superioridade em força, intimidará o inimigo; se intimidar o inimigo, os estados vizinhos ficarão assustados; e se os estados vizinhos ficarem assustados, os

aliados do inimigo serão impedidos de se juntar a ele". O seguinte dá um significado mais forte: "Se o grande estado já foi derrotado uma vez (antes que ele tivesse tempo de convocar seus aliados), então, os estados menores se manterão distantes e se absterão de reunir suas forças". Ch'ên Hao e Chang Yü interpretam a frase de outra maneira. O primeiro diz: "Por mais poderoso que um príncipe possa ser, se ele atacar um grande estado, será incapaz de reunir tropas suficientes e deve confiar, até certo ponto, em ajuda externa; se ele dispensar isso e, com confiança excessiva na própria força, apenas tentar intimidar o inimigo, ele sem dúvida será derrotado". Chang Yü expõe sua visão assim: "Se atacarmos com imprudência um estado grandioso, nosso próprio povo ficará descontente e recuará. Mas se (como será o caso) nossa demonstração de força militar for metade inferior à do inimigo, os outros chefes ficarão assustados e se recusarão a se juntar a nós".

55. Por isso, ele não se esforça para se aliar a todo mundo, nem fomenta o poder de outros estados. Ele executa seus próprios desígnios secretos, mantendo seus antagonistas assombrados.

A linha de pensamento de Li Ch'üan parece ser esta: seguro contra uma combinação de seus inimigos, "ele pode se dar ao luxo de rejeitar alianças complicadas e apenas perseguir seus próprios desígnios secretos; seu prestígio o permite dispensar amizades externas".

Dessa forma, ele consegue capturar suas cidades e derrubar seus reinos.

Este parágrafo, embora escrito muitos anos antes do Estado Ch'in se tornar uma ameaça séria, não é um resumo ruim da política pela qual os famosos Seis Chanceleres gradualmente pavimentaram o caminho para seu triunfo final sob Shih Huang Ti. Chang Yü, dando continuidade à sua nota anterior, pensa que Sun Tzŭ está condenando essa atitude de egoísmo a sangue frio e isolamento arrogante.

56. Conceda recompensas sem levar em conta as regras,

> Wu Tzu (cap. 3) declara menos sabiamente: "Que o avanço seja ricamente recompensado e o recuo seja severamente punido".

dê ordens

> Literalmente, "pendure" ou "publique".

sem levar em conta acordos anteriores;

> "Para evitar a traição", diz Wang Hsi. O sentido geral é esclarecido pela citação de Ts'ao Kung do *Ssŭ-ma Fa*: "Dê instruções somente ao avistar o inimigo; dê recompensas quando vir feitos merecedores". A paráfrase de Ts'ao Kung é: "As instruções finais que der ao seu exército não devem corresponder àquelas que foram previamente publicadas". Chang Yü simplifica isso em: "seus planos não devem ser divulgados de antemão". E Chia Lin orienta: "não deve haver rigidez em suas regras e planos". Não apenas há perigo em deixar seus planos serem conhecidos, mas a guerra frequentemente necessita da reversão completa deles no último momento.

e você será capaz de lidar com um exército inteiro como se tivesse que lidar com apenas um homem.

57. Confronte seus soldados com o ato em si; nunca deixe que eles saibam sua intenção.

> Literalmente, "não lhes diga palavras"; isto é, não explique suas razões para dar nenhuma ordem. Lorde Mansfield disse certa vez a um colega mais novo para "não dar razões" para suas decisões, e a máxima é ainda mais aplicável a um general do que a um juiz.

Quando a perspectiva for brilhante, coloque-a diante dos olhos deles; mas não lhes diga nada quando a situação for sombria.

58. Coloque seu exército em perigo mortal, e ele sobreviverá; coloque-o em situações desesperadas, e ele sairá em segurança.

Estas palavras de Sun Tzŭ foram citadas uma vez por Han Hsin na explicação das táticas que ele empregou em uma de suas batalhas mais brilhantes, já mencionadas anteriormente. Em 204 a.C., ele foi enviado contra o exército de Chao e parou a dez milhas da foz do passo Ching-hsing, onde o inimigo havia se reunido com força total. Ali, à meia-noite, ele destacou um corpo de 2 mil soldados de cavalaria leve, cada homem munido de uma bandeira vermelha. Eles tinham a ordem de abrir caminho por desfiladeiros estreitos e manter vigilância secreta sobre o inimigo. "Quando os homens de Chao me virem em plena fuga", explicou Han Hsin, "eles abandonarão suas fortificações e os perseguirão. Esse deve ser o sinal para vocês se apressarem, arrancarem os estandartes de Chao e erguerem as bandeiras vermelhas de Han em seu lugar." Voltando-se, em seguida, para seus outros oficiais, comentou: "Nosso adversário mantém uma posição forte, e não é provável que saia e nos ataque até que veja o estandarte e os tambores do comandante-chefe, por medo de que eu vire as costas e escape pelas montanhas". Dito isso, primeiro ele enviou uma divisão composta por 10 mil homens, e ordenou que formassem uma linha de batalha de costas para o rio Ti. Vendo essa manobra, todo o exército de Chao caiu na gargalhada. A essa altura já era dia claro, e Han Hsin, exibindo a bandeira do generalíssimo, marchou saindo do passo rufando os tambores, e foi imediatamente atacado pelo inimigo. Uma grande batalha se seguiu, durando algum tempo; até que finalmente Han Hsin e seu colega Chang Ni, deixando tambores e estandartes no campo, fugiram para a divisão às margens do rio, onde outra batalha feroz estava acontecendo. O inimigo correu para persegui-los e garantir os troféus, desnudando assim suas muralhas de homens; mas os dois generais conseguiram se juntar ao outro exército, que lutava com o maior desespero. Agora era chegada a hora dos 2 mil cavaleiros fazerem sua parte. Assim que viram os homens de Chao seguindo sua vantagem, eles galoparam para dentro das muralhas desertas, rasgaram as bandeiras inimigas e as substituíram pelas de Han. Quando o exército de Chao olhou para trás da perseguição, a visão dessas bandeiras vermelhas os encheu de terror. Convencidos de que os Han haviam entrado e derrotado seu rei, eles se dispersaram em desordem selvagem, todos os esforços de seu líder para conter o pânico foram em vão. Nesse momento, o exército Han se abateu sobre eles de ambos os lados e completou a derrota, matando alguns e capturando o restante, entre os quais estava o próprio rei Ya... Após a batalha, alguns oficiais de Han Hsin foram até ele e falaram: "Em *A arte da guerra* somos ensinados a manter uma colina ou túmulo na retaguarda direita e um rio ou pântano na dianteira esquerda. (Isso parece ser uma mistura de Sun Tzŭ e T'ai Kung. Leia IX, § 9, e observe.) Você, ao contrário, ordenou que reuníssemos nossas tropas tendo o rio às nossas costas. Sob essas condições, como conseguiu obter a vitória?". O general respondeu: "Temo que vocês, cavalheiros, não tenham estudado a *A arte da guerra* com cuidado suficiente. Não está escrito lá: 'Lance seu exército em uma situação desesperadora e ele sairá em segurança; coloque-o em perigo mortal e ele sobreviverá?'. Se eu tivesse tomado o curso costumeiro, jamais teria sido capaz de trazer meu colega de volta. O que diz o Clássico Militar: 'Ataque o mercado e empurre os homens para a luta'. [Esta passagem não ocorre no texto de Sun Tzŭ de fato.] Se eu não tivesse colocado minhas tropas em uma posição na qual fossem obrigadas a lutar por suas vidas, mas tivesse permitido que cada homem seguisse seu próprio critério, teria ocorrido uma *debandada geral*, e teria sido impossível fazer qualquer coisa com elas". Os oficiais admitiram a força de seu argumento e declararam: "Estas são táticas mais elevadas do que seríamos capazes". (Ver *Qien Han Shu*, cap. 34, ff. 4, 5.)

59. Pois é precisamente quando uma força está em perigo que ela é capaz de desferir um golpe vitorioso.

> O perigo tem um efeito revigorante.

60. O sucesso na guerra é obtido ao cuidadosamente nos adaptarmos aos propósitos do inimigo.

> Ts'ao Kung diz: "Finja estupidez" — aparentando ceder e acompanhar os desejos do inimigo. A nota de Chang Yü deixa o significado claro: "Se o inimigo mostrar uma inclinação para avançar, atraia-o para que ele o faça; se ele estiver ansioso para recuar, adie de propósito para que ele possa executar sua intenção". O objetivo é fazê-lo negligente e desdenhoso antes de desferirmos nosso ataque.

61. Ao permanecer na lateral do inimigo,

> Considero que as quatro primeiras palavras têm o sentido de "acompanhar o inimigo em uma direção". Ts'ao Kung diz: "reunir os soldados e ir em direção ao inimigo". Mas um deslocamento tão violento de indivíduos é bastante indefensável.

teremos sucesso a longo prazo

> Literalmente, "depois de mil *li*".

em matar o comandante-chefe.

> Sempre uma questão importante com os chineses.

62. Isso se chama capacidade de realizar algo por pura astúcia.

63. No dia em que assumir o comando, bloqueie as passagens de fronteira, destrua as contagens oficiais,

> Eram tábuas de bambu ou madeira, metade das quais era emitida como uma permissão ou passaporte pelo oficial encarregado de um portão. (Conferir o "guarda da fronteira" de *Lun Yu* III. 24, que pode ter tido deveres semelhantes.) Quando essa metade era devolvida a ele, dentro de um período fixo, ele era autorizado a abrir o portão e deixar o viajante passar.

e impeça a passagem de todos os emissários.

> Entrando ou saindo do país inimigo.

64. Seja severo na câmara do conselho,

> Não demonstre fraqueza e insista que seus planos sejam ratificados pelo soberano.

para que possa ter controle da situação.

> Mei Yao-ch'ên entende a frase inteira como: Tome as mais rigorosas precauções para garantir sigilo em suas deliberações.

65. Se o inimigo deixar uma porta aberta, você deve entrar correndo.

66. Antecipe-se ao seu oponente, apoderando-se do que ele tem de mais precioso,

> Conferir acima, § 18.

e sutilmente planeje o momento de sua chegada ao terreno.

> A explicação de Ch'ên Hao, no entanto, é bastante clara: "Se eu conseguir tomar uma posição favorável, mas o inimigo não aparecer em cena, a vantagem então obtida não pode ser utilizada de nenhuma

forma prática. Aquele que pretende, portanto, ocupar uma posição de importância para o inimigo, deve começar marcando um encontro ardiloso, por assim dizer, com seu antagonista, e perturbá-lo para que ele também apareça". Mei Yao-ch'ên explica que esse "encontro ardiloso" deve ser combinado por meio dos próprios espiões do inimigo, que levarão de volta apenas a quantidade de informações que escolhermos dar a eles. Então, tendo revelado astutamente nossas intenções, "devemos dar um jeito de, embora partindo depois do inimigo, chegar antes dele (VII, § 4). Devemos partir depois dele para garantir sua marcha para lá; devemos chegar antes dele para capturar o lugar sem problemas". Compreendida desta forma, a presente passagem dá algum suporte à interpretação de Mei Yao-ch'en do § 47.

67. Ande no caminho definido pela regra,

Chia Lin declara: "A vitória é a única coisa que importa e não pode ser alcançada aderindo a cânones convencionais". É lamentável que essa variante se baseie em uma autoridade muito tênue, pois o sentido produzido é com certeza muito mais satisfatório. Napoleão, como sabemos, de acordo com os veteranos da velha escola que ele derrotou, venceu suas batalhas violando toda as regras de guerra aceitas.

e adapte-se ao inimigo até que possa lutar uma batalha decisiva.

Tu Mu apresenta: "adapte-se às táticas do inimigo até que uma oportunidade favorável surja; então, avance e entre em uma batalha que será decisiva".

68. A princípio, portanto, exiba a timidez de uma donzela, até que o inimigo lhe dê uma abertura; depois, imite a velocidade de uma lebre em fuga, e será tarde demais para o inimigo se opor a você.

Como a lebre é conhecida por sua extrema timidez, a comparação dificilmente parece adequada. Mas é claro que Sun Tzŭ estava pensando apenas na velocidade do animal. As palavras foram interpretadas como: deve-se fugir do inimigo tão depressa quanto uma lebre em fuga; mas isso é corretamente rejeitado por Tu Mu.

CAPÍTULO XII

ATAQUE COM FOGO

Mais da metade do capítulo (§ § 1-13) é dedicado ao assunto do fogo, depois do qual o autor se desvia para outros tópicos.

Sun Tzŭ disse:

1. Há cinco maneiras de atacar com fogo. A primeira é queimar soldados em seu acampamento;

Então, Tu Mu. Li Ch'üan declara: "Ateie fogo ao acampamento e mate os soldados" (quando tentarem escapar das chamas). Pan Ch'ao, enviado em uma missão diplomática ao rei de Shan-shan (Ver XI. § 51, nota), viu-se posto em extremo perigo pela chegada inesperada de um emissário dos Hsiung-nu (inimigos mortais dos chineses). Consultando seus oficiais, exclamou: "Jamais se arrisque, jamais vença![94] A única opção que nos resta agora é fazer um ataque com fogo aos bárbaros sob o manto da noite, quando eles não serão capazes de discernir nossos números. Aproveitando seu pânico, nós os exterminaremos por completo; isso esfriará a coragem do rei e nos cobrirá de glória, além de garantir o sucesso de nossa missão". Os oficiais responderam que seria necessário discutir o assunto primeiro com o intendente. Pan

---

[94] "A menos que entre na toca do tigre, não conseguirá pegar os filhotes do tigre."

Ch'ao, então, argumentou passionalmente: "É hoje", gritou, "que nossa sorte deve ser decidida! O intendente é apenas um civil enfadonho, que, ao ouvir sobre nosso plano, sem dúvida ficará com medo, e tudo será trazido à tona. Uma morte inglória não é um destino digno para guerreiros valentes". Então, todos concordaram em fazer o que ele desejava. Portanto, assim que a noite caiu, ele e seu pequeno bando seguiram para o acampamento bárbaro depressa. Um forte vendaval soprava naquele momento. Pan Ch'ao ordenou que dez do grupo pegassem tambores e se escondessem atrás das barracas do inimigo, combinando que, quando eles vissem as chamas se elevarem, deveriam começar a tocar os tambores e a gritar com todas as suas forças. O restante de seus homens, armados com arcos e balestras, ele postou em emboscada no portão do acampamento. Em seguida, ateou fogo a favor do vento, após isso, um barulho ensurdecedor de tambores e gritos surgiu na dianteira e na retaguarda dos Hsiung-nu, que saíram correndo desordenadamente em confusão frenética. Pan Ch'ao matou três deles com as próprias mãos, enquanto seus companheiros cortaram as cabeças do emissário e trinta de sua comitiva. O restante, mais de cem no total, pereceu nas chamas. No dia seguinte, Pan Ch'ao voltou e informou Kuo Hsün [o Intendente] o que havia feito. Este último ficou muito alarmado e empalideceu. Contudo, Pan Ch'ao adivinhando seus pensamentos, falou com a mão erguida: "Embora não tenha ido conosco ontem à noite, eu não cogitaria, senhor, em receber o crédito sozinho por nossa façanha". Isso satisfez Kuo Hsun, e Pan Ch'ao, tendo mandado chamar Kuang, rei de Shan-shan, mostrou-lhe a cabeça do emissário bárbaro. Todo o reino foi tomado pelo medo e tremor, que Pan Ch'ao tomou medidas para acalmar emitindo uma proclamação pública. Depois, tomando os filhos do rei como reféns, retornou para fazer seu relatório a Tou Ku". *Hou Han Shu*, cap. 47, ff. 1, 2.]

a segunda é queimar estoques;

> Tu Mu informa: "Provisões, combustível e forragem". Para subjugar a população rebelde de Kiangnan, Kao Kêng recomendou que Wên Ti, da dinastia Sui, fizesse ataques periódicos e queimasse seus estoques de grãos, uma política que, a longo prazo, provou-se inteiramente bem-sucedida.

a terceira é queimar comboios de bagagem;

> Um exemplo dado é a destruição das carroças e suprimentos de Yüan Shao por Ts'ao Ts'ao em 200 d.C.

a quarta é queimar arsenais e paióis;

> Tu Mu diz que as coisas contidas em "arsenais" e "paiós" são as mesmas. Ele especifica armas e outros implementos, barras de ouro e roupas. Conferir, VII. § 11.

a quinta é lançar fogo contra o inimigo.

> A interpretação que adotei é aquela dada por Tu Yu no *T'ung Tien*. Ele lê: "Lançar fogo no acampamento inimigo. O método pelo qual isso pode ser feito é atear fogo às pontas das flechas mergulhando-as em um braseiro e, em seguida, dispará-las de balestras poderosas nas linhas inimigas".

2. Para realizar um ataque, precisamos ter meios disponíveis.

> T'sao Kung pensa que é uma referência a "traidores no campo do inimigo". Todavia, é mais provável que Ch'ên Hao esteja certo ao dizer: "Devemos ter circunstâncias favoráveis em geral, não apenas traidores para nos auxiliar". Chia Lin afirma: "Devemos nos valer do vento e do tempo seco".

material para fazer fogo deve estar sempre preparado.

> Tu Mu sugere como material para fazer fogo: "vegetação seca, juncos, galhos, palha, gordura, óleo etc". Aqui temos a causa material. Chang Yü lista: "recipientes para acumular fogo, coisas para começar o fogo".

3. Há uma época adequada para fazer ataques com fogo e dias especiais para iniciar uma conflagração.

4. A estação adequada é quando o tempo está muito seco; os dias especiais são aqueles em que a lua está nas constelações da Peneira, da Parede, da Asa ou da Barra Cruzada;

> Estas são, respectivamente, a 7ª, 14ª, 27ª e 28ª das 28 Mansões Estelares, que correspondem aproximadamente a: Sagitário, Pégaso, Crater e Corvus.

pois estes quatro são todos dias de vento ascendente.

5. Ao atacar com fogo, deve-se estar preparado para enfrentar cinco possíveis desenvolvimentos:

6. (1) Quando ocorrer um incêndio dentro do acampamento inimigo, responda imediatamente com um ataque de fora.

7. (2) Se houver um incêndio, mas os soldados inimigos permanecerem quietos, espere o momento certo e não ataque.

> O objetivo principal de atacar com fogo é deixar o inimigo confuso. Se esse efeito não for produzido, significa que o inimigo está preparado para nos receber. Daí a necessidade de cautela.

8. (3) Quando a força das chamas atingir o seu auge, prossiga com um ataque, se for possível; caso contrário, fique onde está.

> Ts'ao Kung declara: "Se vir um caminho possível, avance; mas se considerar as dificuldades grandes demais, recue".

9. (4) Se for possível fazer um ataque com fogo de fora, não espere que ele irrompa de dentro, mas ataque em um momento favorável.

> Tu Mu explica que os parágrafos anteriores faziam referência ao incêndio que irrompia (por acidente, podemos supor, ou pela ação de incendiários) dentro do acampamento inimigo. "Contudo", continua, "se o inimigo estiver estabelecido em um lugar devastado repleto de grandes quantidades de grama, ou se ele montou seu acampamento em uma posição que pode ser queimada, devemos levar nosso fogo contra ele em qualquer oportunidade sazonal, e não aguardar na esperança de que um incêndio ocorra lá dentro, por medo de que nossos oponentes queimem a vegetação ao redor e, assim, tornem nossas próprias tentativas infrutíferas". O famoso Li Ling certa vez confundiu o líder dos Hsiung-nu dessa forma. Este último, aproveitando um vento favorável, tentou atear fogo ao acampamento do general chinês, mas descobriu que toda a vegetação combustível nos arredores já havia sido queimada. Por outro lado, Po-ts'ai, um general dos rebeldes Turbantes Amarelos, foi duramente derrotado em 184 d.C. por negligenciar essa simples precaução. "À frente de um grande exército, ele estava sitiando Ch'ang-she, que era controlada por Huang-fu Sung. A guarnição era muito pequena, e um sentimento geral de nervosismo tomava conta das fileiras; então, Huang-fu Sung reuniu seus oficiais e falou: 'Na guerra, há vários métodos indiretos de ataque, e os números não são tudo. [O comentarista aqui cita Sun Tzŭ, v. § § 5, 6 e 10.] Bem, os rebeldes montaram seu acampamento no meio de grama espessa, que queimará facilmente quando o vento soprar. Se atearmos fogo à noite, eles entrarão em pânico, e podemos fazer uma investida e atacá-los por todos os lados ao mesmo tempo, emulando assim a conquista de T'ien Tan'. [Ver p. 90.] Naquela mesma noite, uma forte brisa surgiu; então, Huang-fu Sung instruiu seus soldados a amarrar juncos formando tochas e montar guarda nas muralhas da cidade, depois disso, enviou um bando de homens ousados que,

furtivamente, abriram caminho através das fileiras e começaram o fogo com altos gritos e berros. Simultaneamente, um clarão de luz disparou das muralhas da cidade, e Huang-fu Sung, fazendo rufar seus tambores, liderou uma carga rápida, que confundiu os rebeldes e os lançou em uma fuga precipitada". (*Hou Han Shu*, cap. 71.)

10. (5) Quando começar um incêndio, esteja a barlavento dele. Não ataque a sotavento.

> Chang Yü, seguindo Tu Yu, declara: "Quando você provoca um incêndio, o inimigo recua para longe dele; caso se oponha à sua retirada e o ataque neste momento, ele lutará desesperadamente, o que não conduzirá ao seu sucesso". Uma explicação um pouco mais óbvia é dada por Tu Mu: "Se o vento estiver no leste, comece a queimar para o leste do inimigo e continue o ataque você mesmo daquele lado. Se você começar a fogueira no lado leste e então atacar do oeste, você sofrerá da mesma forma que seu inimigo".

11. Um vento que surge durante o dia dura muito, mas uma brisa noturna logo desaparece.

> Conferir a máxima de Lao Tzŭ: "Um vento violento não dura o tempo de uma manhã". (*Tao Te Ching*, cap. 23.) Mei Yao-ch'ên e Wang Hsi dizem: "Uma brisa diurna morre ao anoitecer, e uma brisa noturna ao amanhecer. Isso é o que acontece como regra geral". O fenômeno observado pode estar correto o bastante, mas como se chega a esse sentido não está claro.

12. Em todo exército, os cinco desenvolvimentos relacionados ao fogo devem ser conhecidos, os movimentos das estrelas calculados e uma vigilância mantida para os dias apropriados.

Tu Mu diz: "Devemos fazer cálculos quanto aos caminhos das estrelas e observar os dias em que o vento aumentará, antes de fazer nosso ataque com fogo". Chang Yü parece interpretar o texto de forma diferente: "Não devemos apenas saber como atacar nossos oponentes com fogo, mas também estar em guarda contra ataques semelhantes vindos deles".

13. Portanto, aqueles que usam o fogo como auxiliar no ataque demonstram inteligência; aqueles que usam a água como auxiliar no ataque recebem um aumento de força.

14. Por meio da água, um inimigo pode ser interceptado, mas não ter todos os seus pertences roubados.

A observação de Ts'ao Kung é: "Podemos somente obstruir o caminho do inimigo ou dividir seu exército, mas não varrer todos os seus estoques acumulados". A água pode fazer um serviço útil, mas não tem o terrível poder destrutivo do fogo. Esta é a razão, conclui Chang Yü, porque a primeira é dispensada em algumas frases, enquanto o ataque com fogo é discutido em detalhes. Wu Tzu (cap. 4) fala assim dos dois elementos: "Se um exército estiver acampado em terreno pantanoso baixo, do qual a água não pode escoar, e onde a chuva é pesada, pode ser submerso por uma enchente. Se um exército estiver acampado em terras pantanosas selvagens densamente cobertas de ervas daninhas e espinheiros, e visitado por vendavais frequentes, pode ser exterminado pelo fogo".

15. Infeliz é o destino daquele que tenta vencer suas batalhas e ter sucesso em seus ataques sem cultivar o espírito de iniciativa; pois o resultado é perda de tempo e estagnação geral.

Uma das passagens mais intrigantes de Sun Tzŭ. Ts'ao Kung declara: "Recompensas por bons serviços não devem ser adiadas um único dia". E Tu Mu afirma: "Se não aproveitar a oportunidade para avançar e recompensar os merecedores, seus subordinados não executarão seus comandos, e o desastre ocorrerá." Por diversas razões, no entanto, e apesar da formidável variedade de estudiosos do outro lado, prefiro a interpretação sugerida apenas por Mei Yao-ch'en, cujas palavras citarei: "Aqueles que querem ter certeza de sucesso em suas batalhas e ataques devem aproveitar os momentos favoráveis quando eles surgirem e não recuar na ocasião de medidas heroicas; isto é, devem recorrer a tais meios de ataque com fogo, água e semelhantes. O que não devem fazer, e que será fatal, é ficarem parados e somente se apegarem às vantagens que obtiveram".

16. Daí o ditado: O governante esclarecido faz seus planos com bastante antecedência; o bom general cultiva seus recursos.

> Tu Mu cita o seguinte do *San Lueh*, capítulo 2: "O príncipe guerreiro controla seus soldados com sua autoridade, os equipa de boa fé e, com recompensas, os torna úteis. Se a fé decair, haverá perturbação; se as recompensas forem insuficientes, os comandos não serão respeitados".

17. Não se mova, a menos que veja uma vantagem; não use suas tropas, a menos que haja algo a ser ganho; não lute, a menos que a posição seja crítica.

> Sun Tzŭ pode, às vezes, parecer excessivamente cauteloso, mas ele nunca vai tão longe nessa direção quanto na notável passagem do *Tao Te Ching*, capítulo 69: "Não ouso tomar a iniciativa, prefiro agir na defensiva; não ouso avançar um centímetro, prefiro recuar um metro".

18. Nenhum governante deve colocar tropas em campo apenas para satisfazer seus próprios humores; nenhum general deve lutar uma batalha apenas por irritação.

19. Se for vantajoso para você, avance; se não, fique onde está.

> Isto é repetido de XI, § 17. Aqui estou convencido de que é uma interpolação, pois é evidente que o § 20 deve seguir imediatamente o § 18.

20. A raiva pode, com o tempo, transformar-se em alegria; a irritação pode ser substituída pelo contentamento.

21. Mas um reino que uma vez foi destruído nunca mais poderá voltar a existir;

> O estado de Wu estava destinado a ser um exemplo melancólico deste ditado.

nem os mortos podem ser trazidos de volta à vida.

22. Por isso, o governante esclarecido é atento, e o bom general, repleto de cautela. Esta é a maneira de manter um país em paz e um exército intacto.

XIII

EMPREGO DE ESPIÕES

Sun Tzŭ afirmou:

1. Reunir uma hoste de 100 mil homens e fazê-los marchar por grandes distâncias acarreta grandes perdas para o povo e drena os recursos do Estado. A despesa diária chegará a quase trinta quilos de prata.

> Conferir II, § § 1, 13, 14.

Haverá comoção em casa e no exterior, e homens cairão exaustos nas estradas.

> Conferir *Tao Te Ching*, cap. 30: "Onde as tropas foram alojadas, sarças e espinhos brotam. Chang Yü traz a observação: "Podemos nos lembrar do ditado: 'em terreno grave, tome despojos' (XI. § 13). Por que, então, a carruagem e o transporte devem causar exaustão nas estradas? A resposta é: não apenas víveres, mas todos os tipos de munições de guerra devem ser transportados para o exército. Além disso, a ordem de 'pilhar o inimigo' refere-se apenas a quando um exército está profundamente engajado em território hostil, a escassez de alimentos deve ser suprida. Portanto, sem depender exclusivamente do inimigo para ter grãos, devemos pilhar para que haja um fluxo

ininterrupto de suprimentos. Por outro lado, há lugares como desertos de sal, onde é impossível encontrar provisões, suprimentos de casa não podem ser dispensados".

Cerca de 700 mil famílias ficarão impedidas de trabalhar.

Mei Yao-ch'en fala: "Faltarão homens no arado". A alusão é ao sistema de divisão de terras em nove partes, cada uma consistindo de cerca de 15 acres, o lote no centro sendo cultivado em nome do Estado pelos arrendatários dos outros oito. Foi neste também, assim nos conta Tu Mu, que suas casas eram construídas e um poço era cavado, para ser usado por todos em comum. (Ver II. § 12, nota.) Em tempos de guerra, uma das famílias tinha que servir no exército, enquanto as outras sete contribuíam para seu sustento. Assim, com o recrutamento de 100 mil homens (calculando um soldado fisicamente apto para cada família), o trabalho agrícola de 700 mil famílias seria afetado.

2. Exércitos hostis podem se enfrentar por anos, lutando pela vitória que é decidida em um único dia. Sendo assim, permanecer na ignorância da condição do inimigo apenas por relutar em desembolsar trinta quilos de prata em honras e remunerações,

"Para espiões" é, obviamente, o sentido, embora fosse estragar o efeito deste exórdio curiosamente elaborado se espiões fossem explicitamente mencionados a essa altura.

é o cúmulo da desumanidade.

A concordância de Sun Tzŭ é com certeza engenhosa. Ele começa alertando para a terrível miséria e vasto derramamento de sangue e tesouro que a guerra sempre traz em seu rastro. Bem, a menos que esteja informado sobre a situação do inimigo e esteja preparado para atacar no momento exato, uma guerra pode se arrastar por anos. A única maneira de obter essa informação é empregando espiões; e é impossível obter espiões confiáveis a menos que sejam devidamente pagos por seus serviços. Contudo, sem dúvida é uma falsa economia reclamar de uma quantia, em termos comparativos, insignificante para esse propósito, quando cada dia que a guerra dura consome uma soma incalculavelmente maior. Esse fardo penoso recai sobre os ombros dos pobres, e, portanto, Sun Tzŭ conclui que negligenciar o uso de espiões é nada menos que um crime contra a humanidade.

3. Aquele que age assim não é um líder de homens, não é uma ajuda presente para seu soberano, não é um mestre da vitória.

Essa ideia, de que o verdadeiro objetivo da guerra é a paz, tem sua raiz no temperamento nacional dos chineses. Mesmo em 597 a.C., as palavras memoráveis a seguir foram proferidas pelo príncipe Chuang do estado de Ch'u: "O ideograma para 'poderio' é composto pelos ideogramas de 'permanecer' e 'lança' (cessar das hostilidades). O poderio militar é visto na repressão da crueldade, na convocação às armas, na preservação da nomeação do Céu, na inabalável consagração do mérito, no oferecimento de felicidade ao povo, na criação de concórdia entre os príncipes, na distribuição da riqueza".

4. Portanto, o que permite ao sábio soberano e ao bom general atacar, conquistar e alcançar coisas além do alcance dos homens comuns é o *conhecimento prévio*.

Isto é, conhecimento das disposições do inimigo e do que ele pretende fazer.

5. Ora, este conhecimento prévio não pode ser obtido dos espíritos; não pode ser obtido de forma indutiva a partir da experiência,

A nota de Tu Mu deixa o significado claro: "[o conhecimento do inimigo] não pode ser obtido pela análise de outros casos análogos".

nem por qualquer cálculo dedutivo.

Li Ch'üan afirma: "Medidas como comprimento, largura, distância e magnitude são suscetíveis de determinação matemática exata; ações humanas não podem ser calculadas dessa forma".

6. O conhecimento das disposições do inimigo só pode ser obtido por meio de outros homens.

Mei Yao-ch'en tem uma observação bastante interessante: "O conhecimento do mundo espiritual pode ser obtido por meio de oráculos; informações em ciências naturais podem ser buscadas por meio de raciocínio indutivo; as leis do universo podem ser verificadas por meio de cálculos matemáticos: mas as disposições de um inimigo podem ser determinadas, exclusivamente, por meio de espiões".

7. Por isso emprego de espiões, dos quais há cinco classes: (1) espiões locais; (2) espiões internos; (3) espiões convertidos; (4) espiões condenados; (5) espiões sobreviventes.

8. Quando esses cinco tipos de espiões estão todos trabalhando, nenhum pode descobrir o sistema secreto. Isso é denominado "manipulação divina dos fios". É a habilidade mais preciosa do soberano.

"Cromwell, um dos maiores e mais práticos líderes de cavalaria, tinha oficiais denominados 'mestres batedores', cuja função era coletar todas as informações possíveis sobre o inimigo, por meio de batedores e espiões etc., e grande parte de seu sucesso na guerra devia-se ao conhecimento prévio dos movimentos do inimigo obtido desse modo."[95]

---

[95] *Aids to Scouting*, p. 2.

9. Ter *espiões locais* significa empregar os serviços dos habitantes de um distrito.

> Tu Mu diz: "No território inimigo, conquiste pessoas com tratamento gentil e use-as como espiões".

10. Ter *espiões internos*, utilizando oficiais do inimigo.

> Tu Mu enumera as seguintes classes como propensas a prestar um bom serviço nesse sentido: "Homens dignos que foram destituídos de cargo, criminosos que sofreram punição; também, concubinas favoritas gananciosas por ouro, homens que se sentem ofendidos por estarem em posições subalternas ou que foram preteridos na distribuição de cargos, outros que estão ansiosos para que seu lado seja derrotado para que possam ter uma chance de demonstrar sua habilidade e talentos, vira-casacas inconstantes que sempre querem ter um pé em cada barco. Oficiais desses diversos tipos", continua ele, "devem ser abordados em segredo e comprometidos com seus interesses por meio de presentes ricos. Dessa forma, será capaz de descobrir o estado das coisas no território inimigo, verificar os planos que estão sendo formados contra você e, além disso, perturbar a harmonia e criar divisão entre o soberano e seus ministros". A necessidade de extrema cautela, no entanto, ao lidar com "espiões internos", é revelada em um incidente histórico relatado por Ho Shih: "Lo Shang, governador de I-Chou, enviou seu general Wei Po para atacar o rebelde Li Hsiung de Shu em sua fortaleza em P'i. Depois que cada lado experimentou uma série de vitórias e derrotas, Li Hsiung recorreu aos serviços de um certo P'o-t'ai, nativo de Wu-tu. Começou a chicoteá-lo até que sangrasse e, depois, enviou-o até Lo Shang, a quem deveria enganar oferecendo-se para cooperar com ele de dentro da cidade e dar um sinal de fogo no momento certo de fazer um ataque generalizado. Lo Shang, confiando nessas promessas, marchou com todas as suas melhores tropas e colocou Wei Po e outros à frente com ordens de atacar

quando P'o-t'ai desse o sinal. Enquanto isso, o general de Li Hsiung, Li Hsiang, preparou uma emboscada no caminho de sua marcha; e P'o-t'ai, tendo erguido longas escadas contra as muralhas da cidade, agora acendeu o fogo do farol. Os homens de Wei Po correram ao ver o sinal e começaram a subir as escadas o mais rápido que conseguiam, enquanto outros eram içados por cordas lançadas de cima. Mais de cem soldados de Lo Shang entraram na cidade dessa forma, cada um dos quais foi imediatamente decapitado. Li Hsiung, então, atacou com todas as suas forças, tanto dentro quanto fora da cidade, e derrotou o inimigo por completo". (Isso aconteceu em 303 d.C. Não sei de onde Ho Shih tirou a história. Não é contada na biografia de Li Hsiung nem na de seu pai Li T'e, *Chin Shu*, cap. 120, 121.)

11. Ter *espiões convertidos*, capturando os espiões do inimigo e empregando-os para nossos próprios propósitos.

Por meio de subornos pesados e promessas generosas, desvinculando-os do serviço do inimigo e induzindo-os a levar de volta informações falsas, bem como a espionar seus próprios compatriotas. Por outro lado, Hsiao Shih-hsien diz que fingimos não tê-lo detectado, mas planejamos deixá-lo levar uma impressão falsa do que está acontecendo. Vários comentaristas aceitam essa como uma definição alternativa; mas que isso não é o que Sun Tzǔ quis dizer é provado de modo conclusivo por seus comentários subsequentes sobre tratar o espião convertido com generosidade (§ 21 ss.). Ho Shih observa três ocasiões em que espiões convertidos foram usados com sucesso notável: 1) por T'ien Tan em sua defesa de Chi-mo (ver acima, p. 90); 2) por Chao She em sua marcha para O-yu (ver p. 57); e pelo astuto Fan Chü em 260 a.C., quando Lien P'o estava conduzindo uma campanha defensiva contra Ch'in. O rei de Chao desaprovava veementemente os métodos cautelosos e dilatórios de Lien P'o, que não conseguiram evitar uma série de desastres menores; por isso, deu ouvidos atentos aos relatos de seus espiões, que secretamente haviam passado para o lado inimigo e já estavam sendo pagos por Fan Ch'u. Eles falaram: "A única coisa que causa ansiedade em Ch'in é que Chao Kua não seja nomeado general. Eles consideram Lien P'o um oponente fácil, que sem dúvida será derrotado a longo prazo". Agora, Chao Kua era filho do famoso Chao She. Desde a infância, ele estava totalmente absorto no estudo da guerra e de assuntos militares, até que por fim chegou a acreditar que não havia comandante em todo o Império que pudesse enfrentá-lo. O pai dele ficou muito inquieto com essa presunção arrogante e a leviandade com que ele falava de algo tão sério quanto a guerra, e declarou solenemente que, se Kua fosse nomeado general, ele traria ruína aos exércitos de Chao. Este foi o homem que, apesar dos protestos sinceros da própria mãe e do estadista veterano, Lin Hsiang-ju, foi agora enviado para suceder Lien P'o. Desnecessário dizer que ele não se provou páreo para o temível Po Ch'i e o grande poderio militar de Ch'in. Ele caiu em uma armadilha por meio da qual seu exército foi dividido em dois e suas comunicações interrompidas; e após uma resistência desesperada que durou 46 dias, durante os quais os soldados famintos devoraram uns aos outros, ele próprio foi morto por uma flecha, e toda a sua força que, segundo dizem, totalizava 400 mil homens, foi implacavelmente passada à espada.

12. Ter *espiões condenados* fazendo certas coisas abertamente com o propósito de enganar e permitir que nossos próprios espiões saibam sobre elas e as denunciem ao inimigo.

Tu Yu dá a melhor explicação do sentido: "De forma ostensiva, fazemos coisas calculadas para enganar nossos próprios espiões, que devem ser levados a crer que foram involuntariamente revelados. Então, quando esses espiões forem capturados em linhas inimigas, farão um relatório totalmente falso, e o inimigo tomará medidas de acordo, apenas para descobrir que estamos fazendo algo bem diferente. Os espiões serão então condenados à morte". Como exemplo de espiões condenados, Ho Shih menciona os prisioneiros liberados por Pan Ch'ao em sua campanha contra Yarkand. (Ver p. 132) Ele também se refere a T'ang Chien, que em 630 d.C. foi enviado por T'ai Tsung para fazer o cã Chieh-li turco sentir-se em falsa segurança, até que Li Ching fosse capaz de desferir um golpe esmagador contra ele. Chang Yü conta que os turcos se vingaram matando T'ang Chien, mas isso é um erro, pois lemos tanto na velha quanto na *Nova história de T'ang* (cap. 58, fol. 2 e cap. 89, fol. 8, respectivamente) que ele escapou e viveu até 656. Li I-chi desempenhou papel um tanto semelhante em 203 a.C., quando enviado pelo rei de Han para abrir negociações pacíficas com Ch'i. Ele com certeza tem mais direito de ser descrito como um "espião condenado", pois o rei de Ch'i, sendo posteriormente atacado sem aviso por Han Hsin, e enfurecido pelo que considerou a traição de Li I-chi, ordenou que o infeliz emissário fosse fervido vivo.

13. *Espiões sobreviventes*, por fim, são aqueles que trazem notícias do acampamento inimigo.

Esta é a classe comum de espiões, propriamente ditos, são parte regular do exército. Tu Mu explica: "Seu espião sobrevivente deve ser alguém de intelecto aguçado, embora na aparência seja um tolo; de exterior miserável, mas com uma vontade de ferro. Deve ser ativo, robusto, dotado de força física e coragem; perfeitamente acostumado a todo tipo de trabalho sujo, capaz de aguentar fome e frio e de suportar vergonha e ignomínia". Ho Shih conta a seguinte história de Ta'hsi Wu da dinastia Sui: "Quando ele era governador de Ch'in Oriental, Shên-wu de Ch'i fez um movimento hostil contra Sha-yüan. O Imperador T'ai Tsu [? Kao Tsu] enviou Ta-hsi Wu para espionar o inimigo. Ele estava acompanhado por outros dois homens. Todos os três estavam a cavalo e usavam o uniforme do inimigo. Quando escureceu, desmontaram a algumas centenas de metros de distância do acampamento inimigo e se aproximaram, sorrateiros, para ouvir, até que conseguiram descobrir as senhas usadas no exército. Em seguida, voltaram a montar em seus cavalos e audaciosamente atravessaram o acampamento sob o disfarce de sentinelas noturnos; e, mais de uma vez, ao se depararem com um soldado que estava cometendo alguma violação de disciplina, até paravam para dar boa surra no culpado! Assim, conseguiram retornar com as informações mais completas possível a respeito das disposições do inimigo e receberam calorosos elogios do Imperador, que, devido ao seu relatório, foi capaz de infligir severa derrota a seu adversário".

14. É por isso que, em todo o exército, não se deve manter relações mais íntimas do que com espiões.

> Tu Mu e Mei Yao-ch'en ressaltam que o espião tem o privilégio de entrar até mesmo na tenda de dormir particular do general.

Nenhum deveria receber recompensa mais generosa. Em nenhum outro negócio deveria ser preservado maior sigilo.

> Tu Mu oferece um toque gráfico: toda comunicação com espiões deve ser feita de "boca a ouvido". As seguintes observações sobre espiões podem ser citadas de Turenne, que talvez tenha feito maior uso deles do que qualquer comandante anterior: "Os espiões são próximos daqueles que mais lhes dão, aquele que os paga mal nunca é servido. Eles nunca devem ser conhecidos por ninguém; nem devem conhecer uns aos outros. Quando propuserem algo muito material, prenda-os, ou tenha sob seu poder suas esposas e filhos como reféns, em troca de sua fidelidade. Nunca comunique nada a eles, exceto o que é absolutamente necessário que saibam".[96]

15. Espiões não podem ser empregados de forma útil sem certa sagacidade intuitiva.

---

[96] *Marshal Turenne*, p. 311.

Mei Yao-ch'en afirma: "Para empregá-los, é preciso distinguir fato de falsidade e ser capaz de discriminar entre honestidade e duplicidade". Wang Hsi em uma interpretação diferente, considera a mais as linhas de "percepção intuitiva" e de "inteligência prática". Tu Mu curiosamente conecta esses atributos aos próprios espiões: "Antes de empregarmos espiões, devemos nos assegurar de sua integridade de caráter e da extensão de sua experiência e habilidade". Entretanto, continua: "Um rosto ousado e um temperamento astuto são mais perigosos do que montanhas ou rios; é preciso um homem de gênio para penetrá-los". De modo que ficamos em dúvida quanto à sua verdadeira opinião sobre a passagem.

16. Eles não podem ser administrados adequadamente sem benevolência e franqueza.

Chang Yü diz "não lhes negar honras e pagamento"; "não demonstrar desconfiança de sua honestidade". "Quando os tiver atraído com ofertas substanciais, deve tratá-los com absoluta sinceridade; então, trabalharão para você com todo seu vigor."

17. Sem uma engenhosidade mental sutil, não se pode ter certeza da veracidade de seus relatos.

Mei Yao-ch'ên diz: "Fique atento à possibilidade de espiões passarem a servir o inimigo".

18. Seja sutil! Seja sutil!

Conferir VI. § 9

e use seus espiões para todo tipo de negócio.

19. Se uma notícia secreta for divulgada por um espião antes do tempo, ele deverá ser morto junto do homem a quem o segredo foi contado.

> Palavra por palavra, obtemos: "Se os assuntos de espionagem forem ouvidos antes que [nossos planos] sejam executados" etc. O ponto principal de Sun Tzŭ nesta passagem é: Considerando que você mata o próprio espião "como punição por revelar o segredo", o objetivo de matar o outro homem é apenas, como Ch'ên Hao explica: "para calar sua boca" e evitar que as informações vazem mais. Se já tivesse sido repetida para outros, esse objetivo não seria alcançado. De qualquer forma, Sun Tzŭ se expõe à acusação de desumanidade, embora Tu Mu tente defendê-lo argumentando que o homem merece ser condenado à morte, pois o espião com certeza não teria contado o segredo, a menos que o outro tivesse se esforçado para arrancá-lo dele.

20. Quer o objetivo seja esmagar um exército, invadir uma cidade ou assassinar um indivíduo, é sempre necessário começar por descobrir os nomes dos assistentes, dos ajudantes de campo,

> Literalmente, "visitantes" equivale, como explica Tu Yu, a "aqueles cujo dever é manter o general abastecido com informações", o que naturalmente exige reuniões frequentes com ele. Chang Yü vai longe demais para uma explicação ao dizer que eles são "os líderes das tropas mercenárias".

os porteiros e sentinelas do general em comando. Nossos espiões devem ser incumbidos de conhecer estes.

> Como primeiro passo, sem dúvida para descobrir se algum desses funcionários importantes pode ser conquistado com suborno.

21. Os espiões do inimigo que vieram nos espionar devem ser procurados, tentados com subornos, levados embora e confortavelmente alojados. Assim, vão se tornar espiões convertidos e estarão disponíveis para nosso serviço.

22. É por meio das informações trazidas pelo espião convertido que conseguimos adquirir e empregar espiões locais e internos.

> Tu Yu diz: "por meio da conversão de espiões do inimigo, aprendemos sobre a condição do inimigo". E Chang Yü afirma: "Devemos tentar o espião convertido a entrar em nosso serviço, porque é ele quem sabe quais dos habitantes locais são gananciosos por lucro e quais dos oficiais estão abertos à corrupção".

23. É graças a essa informação, mais uma vez, que podemos fazer com que o espião condenado leve notícias falsas ao inimigo.

> Chang Yü diz: "Porque o espião convertido sabe a melhor forma de enganar o inimigo".

24. Por fim, é por meio de suas informações que o espião sobrevivente pode ser usado em determinadas ocasiões.

25. O fim e o objetivo da espionagem em todas as suas cinco variedades é conhecimento do inimigo; e esse conhecimento só pode ser derivado, em primeira instância, do espião convertido.

> Conforme explicado em § § 22-24. Ele não só traz informações ele mesmo, mas torna possível empregar os outros tipos de espiões de forma vantajosa.

Portanto, é essencial que o espião convertido seja tratado com a maior generosidade.

26. Nos tempos antigos, a ascensão da dinastia Yin

Sun Tzŭ queria dizer dinastia Shang, fundada em 1766 a.C. Seu nome foi mudado para Yin por P'an Kêng em 1401.

foi devido a I Chih

Mais conhecido como I Yin, o famoso general e estadista que participou da campanha de Ch'êng T'ang contra Chieh Kuei.

que serviu sob o comando de Hsia. Da mesma forma, a ascensão da dinastia Chou deveu-se a Lü Ya

Lü Shang ascendeu a um alto cargo sob o tirano Chou Hsin, a quem mais tarde ajudou a derrubar. Popularmente conhecido como T'ai Kung, título concedido a ele por Wen Wang, ele teria composto um tratado sobre guerra, erroneamente identificado como o *Liu T'ao*.

que serviu sob os Yin.

Há menos precisão no chinês do que considerei bom introduzir em minha tradução, e os comentários sobre a passagem não são de forma alguma explícitos. Contudo, tendo em vista o contexto, dificilmente podemos duvidar que Sun Tzŭ esteja apresentando I Chih e Lu Ya como exemplos ilustres do espião convertido, ou algo muito análogo. Sua sugestão é que as dinastias Hsia e Yin foram derrubadas devido ao conhecimento íntimo de suas fraquezas e deficiências que esses antigos ministros foram capazes de transmitir ao outro lado. Mei Yao-ch'em parece se ressentir de qualquer calúnia sobre esses nomes históricos: "I Yin e Lu Ya", declara ele, "não eram rebeldes contra o Governo. Hsia não podia empregar o primeiro, portanto Yin o empregou. Yin não podia empregar o segundo, portanto Hou o empregou. Suas grandes realizações foram todas para o bem do povo". Ho Shih também fica indignado: "Como dois homens divinamente inspirados como I e Lu poderiam ter agido como espiões comuns? A menção deles por Sun Tzŭ quer dizer apenas que o emprego adequado das cinco classes de espiões é uma questão que requer homens do mais alto calibre mental como I e Lu, cuja sabedoria e capacidade os qualificaram para a tarefa. As palavras acima apenas enfatizam este ponto". Ho Shih acredita, portanto, que os dois heróis são mencionados por conta de sua suposta habilidade no emprego de espiões. Mas isso é muito precário.

27. Portanto, somente o governante esclarecido e o general sábio empregarão a maior inteligência do exército para fins de espionagem, assim, alcançarão grandes resultados.

Tu Mu encerra com uma nota de advertência: "Assim como a água, que leva um barco de uma margem a outra, pode ser também o meio para afundá-lo, a confiança em espiões, embora produza grandes resultados, é muitas vezes causa de destruição completa".

Os espiões são um elemento importantíssimo na guerra, porque deles depende a capacidade de movimentação de um exército.

Chia Lin diz que um exército sem espiões é como um homem sem ouvidos ou olhos.